OS SEGREDOS DA CONTINUIDADE DOS CONHECIMENTOS EM ÁFRICA.

MANDOMBE - DA ÁFRICA PARA O MUNDO.
UM GRANDE CHAMADO.

Autor: Celso Salles

Celso Salles, filho de Manuel Ferreira Salles e Horaide de Sousa Salles, nascido em 28 de Maio de 1959, na cidade de Itirapina - SP - Brasil, casado com Mírian Amorim Salles em 1988, pai de Leandro Amorim Salles (1994) e Lucas Amorim Salles (2000), formado em Ciências Econômicas - Administração de Empresas, pela ITE - Instituto Toledo de Ensino de Bauru - SP - Brasil. Especializado em Plataformas Digitais e Gestão de Projectos, em sua marioria pertencentes a Área Social, vivendo em Luanda - Angola - África, no ano de 2021 onde escreveu mais este livro da Coleção África.

MANDOMBE, uma escrita genuinamente africana, revelada por Papá Simon Kimbangu e trabalhada com muita dedicação por David Wabeladio Payi.

Kimbangu, em Espírito, incumbiu Wabeladio, aos 21 anos de idade, de uma nobre missão, em favor da raça negra e de toda a humanidade. Trata-se de uma assistência metafisica investigativa, que o levou a descobrir o teorema MANDOMBE no muro de blocos.

Neste livro, o autor Celso Salles, utilizando-se de várias fontes de pesquisas, apresenta um resumo muito importante para quem ainda não conhece o MANDOMBE, que é mais que uma escrita africana, é a base sólida do RENASCIMENTO AFRICANO MODERNO.

Quem se interessa pelo MANDOMBE é automaticamente um SÁBIO.
Ao ler todo o conteúdo apresentado neste livro, acredite, não será mais a mesma pessoa. Terá importantes informações, dentro de uma forma tridimensional de pensamento.

É A NOVA ÁFRICA, É NOVAMENTE a África no topo do conhecimento humano.

2021

DEDICATÓRIA:

Este livro é dedicado a Sebastião António Makadilu, mais conhecido como Papá Seba. Nasceu em Quincula-Songue/Nkaman'tambu-Damba na Província do Uige, no dia 22 de Outubro de 1963, filho de António Lazombo e de Madalena Pululu.

Papá Seba é N´kwamazayi ma Mpimpita (Professor) do ensino do Novo Sistema de Pensamento Africano Moderno "MANDOMBE". Participou com destaque na Formação e na Divulgação deste eminente Projecto na República Democrática do Congo, onde realizou grandes Conferências no Centro Açucareiro do Kwilu-Ngongo e na Cidade Santa de N'KAMBA, a Nova Jerusalém, localizada no Baixo Congo, no qual instruiu cinco (5) Promoções no novo Sistema de Escrita.

Papá Seba acompanhou o seu Mestre SAMA Kya MANDOMBE, David WABELADIO Pay, elevado ao grau de "Doutor Honoris Causa", na UNI-KIN (Universidade de Kinshasa) no dia 21 de Dezembro de 2011, sustentado por mais de Sete (7) Universidades.

Recebeu a missão de divulgar o MANDOMBE em Angola, que lhe foi ordenada pelo chefe Espiritual e Representante Legal da Igreja Kimbanguista na época, Sua Eminência Dialungana Kiangani.

Em 25 de Janeiro de 1999, levou o MANDOMBE para Cabinda, criando as melhores condições para a vinda da delegação do Mandombe, chefiada por David Wabeladio Pay.

Criou as condições formativas no meio dos Angolanos daquela Província do Norte de Angola, marcando o início das aulas no dia 08 de Fevereiro do mesmo ano. Depois de formação intensiva durante três meses, fez-se a entrega de Certificados para os mais de

trezentos primeiros finalistas de MANDOMBE em Cabinda, mais precisamente em Junho de 1999.

Depois de ter realizado as Conferências nas Universidades e Faculdades de Ciências da Educação, Engenharia, Arquitectura, nas Escolas Médias, Secundárias e na União Nacional dos Escritores Angolanos, iniciou as aulas do MANDOMBE e KIMBANGULA (Trata-se da 2ª Parte do MANDOMBE que cuida das ciências aplicadas no contexto africano), em toda Província de Luanda e em seguida em todas as Províncias de Angola.

Foi nomeado pelo SAMA KYA MANDOMBE para a Direcção Nacional do "Kangu dya Masono MANDOMBE" ou Centro MANDOMBE (C.E.N.A.), onde foi indicado como Inspector Nacional do Centro MANDOMBE em Angola.

É músico da FA.KI. (Fanfarra Kimbanguista), na partição ou naipe do trombone e ocupa as pastas de chefe do Departamento Nacional da Evangelização no seio da FA.KI. bem como Diácono da Igreja Kimbanguista em Luanda/Angola.

D1742123

AGRADECIMENTOS ESPECIAIS

Diangienda Wabasolele Armand, também conhecido como **"Papa Armand"** ou "DWA" é um músico clássico congolês, nascido em 12 de janeiro de 1964. Armand é neto de Simon Kimbangu, líder espiritual considerado o criador do Kimbanguismo. Papa Armand é o criador e líder da "Orchester Symphonique Kimbanguiste (OSK)" (Orquestra Sinfônica Kimbanguista).

O jovem Armand pensou em tocar alguns ritmos no piano da família. Mais tarde, ele estudou e se qualificou na Bélgica e nos Estados Unidos como piloto. Nas férias e no tempo livre, Papa Armand tocava música com seus amigos de Kinshasa e formou uma pequena banda. Um dia, em 1985, seu pai Diangienda Joseph, que viu seu interesse pela música, recomendou que ele expandisse além de sua pequena banda de lazer e liderasse um grupo ainda maior dentro da igreja Kimbanguista.

Enquanto isso, Armand completou seu treinamento e começou a trabalhar como piloto da Scibe Airlift. O seu pai Diangienda Joseph morreu em julho de 1992. Em dezembro do mesmo ano, Scibe Airlift sofreu um acidente com o avião que Armand costumava voar. Felizmente para ele, Armand não voou naquele dia.

Com seu avião destruído, Papa Armand finalmente perdeu o emprego e passou algum tempo fora da indústria da aviação. Foi quando ele começou a refletir sobre o conselho de seu pai para expandir suas habilidades musicais e conhecidos. Ele então teve a ideia de uma orquestra sinfónica. Junto com seu irmão Samuel, ele começou a recrutar músicos talentosos em seu círculo Kimbanguista, todos autodidatas.

O início foi difícil, pois a banda não tinha instrumentos clássicos suficientes nem experiência em orquestra. Os músicos tiveram que compartilhar instrumentos e esperar a vez uns dos outros. Eles também tiveram que construir instrumentos improvisados ou renovar alguns com ferramentas de recuperação, como cabos de embreagem de carros.

Depois de muito esforço e preparação, a OSK deu seu primeiro concerto clássico em 3 de dezembro de 1994, e se tornou a primeira Orquestra do género na África. O concerto inaugural teve lugar no palácio de congressos da RDC, vulgarmente conhecido como "Palais du Peuple". A orquestra emprestou instrumentos do professor Phillipe Kanza, que foi o primeiro diretor do conservatório de Kinshasa.

OSK, Um sonho tornado realidade.

Sob a liderança de Papa Armand e o apoio da comunidade Kimbanguista, a orquestra continuou a aumentar sua reputação. Em novembro de 1999, importou seu primeiro lote de instrumentos clássicos profissionais da China.

Em 2002, o chefe e maestro da orquestra ficaram indisponíveis e Armand conduziu sua primeira sessão de ensaio. A pedido da banda, após terem apreciado a sessão, Armand se tornou o chefe e maestro da banda. Ele então concentrou sua autoeducação neste novo papel. Ele também consegue uma bolsa para aprender no conservatório francês "Centre Essonne Évry". Papa Armand escreveu sua primeira sinfonia chamada "Souffle de vérité en Ré majeur" (Golpe da Verdade em Ré maior) em 2003. Ele então escreveu outra peça em 2007 chamada "La reconciliation en La mineur" (Reconciliação em Lá Menor), e um o terceiro chamado "Mon Identité" (Minha identidade).

Legado e Projetos

Sob a liderança de Armand, a OSK passou de uma banda religiosa local lutando com instrumentos improvisados para uma orquestra sinfônica de renome mundial. A banda fez apresentações em muitos países ao redor do mundo, incluindo um concerto ao lado da Orquestra Filarmônica de Monte-Carlo.

Ao lado da OSK, Papa Armand escreveu muitas canções religiosas que esperamos compartilhar e discutir. Ele também assume altas responsabilidades na igreja Kimbanguista. Entre os projetos recentes (a partir de 2018), ele introduziu uma seção infantil da OSK e a construção de um conservatório de quatro andares em Kinshasa. Suas principais mensagens incluem ser um lutador e nunca desistir na vida. Sua carreira interessante exemplifica bem isso. Na verdade, criar uma orquestra sinfônica de classe mundial do zero em um país com evidente falta de interesse, diz tudo.

Fonte:
https://www.congolesemusic.com/person/armand-diangienda/

PREFÁCIO

Foi num domingo, outubro de 2019, o culto dominical era nas paróquias e a nossa paróquia teve o privilégio de receber a visita do escritor Bitombokele Lei Gomes Lunguani na veste de Reverendo e neste mesmo culto, o pastor responsável da paróquia deu a palavra ao Rev. Bitombokele Lei Gomes Lunguani para efeito de fortificação da pregação do pastor que o mesmo havia sucedido e no seu discurso, fazia referência ao MANDOMBE, como sendo a base do novo sistema de pensamento e as suas aplicações para o desenvolvimento do continente berço, África e para o mundo.

O seu discurso a respeito do MANDOMBE e a sua relevância para África e o mundo, fez surgir diversas dúvidas na minha cabeça à respeito da África do passado, presente e futuro. Tão logo o culto terminou, fui ao encontro do Bitombokele e trocamos algumas impressões. No princípio da conversa que tivemos, perguntou-me logo:

- O Papa Isaac conhece o MANDOMBE?

Eu disse que desconhecia o MANDOMBE e em seguinda explicou-me de forma simplificada o que é o MANDOMBE e o seu papel para mim, como cristão Kimbanguista, africano e como um ser habitante em um universo onde a ciência deve estar em conexão com a cultura e a espiritualidade, para que haja desenvolvimento em uma sociedade.

Esta conversa foi tão importante para mim porque, fez-me perceber a diferença entre as bases do desenvolvimento da África e o mundo que os europeus, americanos e asiáticos baseiam-se. No ano de 2019 eu terminei o ensino secundário técnico profissional, na área de construção civil, no curso de desenhador projetista, com o propósito de cursar arquitetura no ensino superior. Eu sempre estive inclinado em criar projetos arquitetónicos que vão de acordo com minha realidade local ou que espelha a realidade de uma determinada sociedade.

Aquela conversa com o Rev. Bitombokel Lei Gomes Lunguani fez-me perceber que no fundo eu já tinha o MANDOMBE no meu sistema de pensamento, só que eu não tinha conhecimento e orientação adequada para despertar esse meu lado.

Este pormenor fez-me perceber que todo africano carrega o

MANDOMBE no seu sistema de pensamento, só que muitos deles não têm conhecimento e orientação adequada do que lhe pertence, do que pertence ao negro: O MANDOMBE.

Sinto-me bastante feliz pelo trabalho que Papai Celso Salles tem feito no universo do MANDOMBE e ter me enquadrado na sua lista com o firme objetivo de dedivulgar o MANDOMBE para todo mundo, através de livros, vídeos, Mandombe University, Educasat, acções sociais, etc, permitindo assim que povos de diversas raças, classes sociais conheçam o MANDOMBE e o seu papel na vida de cada um. A dedicação de Celso Salles, para deixar disponível o conhecimento do MANDOMBE para todo o mundo, realmente é de se respeitar.

José Kissolokele António
Estudante de Arquitectura
Luanda - Angola

Coleção
ÁFRICA

educasat

APRESENTAÇÃO

O meu grande objetivo ao escrever e publicar este livro é MOTIVAR povos de todo o mundo e de todas as raças a conhecerem um básico do que é a escrita africana MANDOMBE, que na lingua africana Kikongo significa "O QUE PERTENCE AO NEGRO". O meu primeiro contacto com o MANDOMBE foi no Brasil no ano de 2015, quando recebi a visita do Escritor Bitombokele Lei Gomes Lunguani e, imediatamente, iniciamos a produção dos primeiros vídeos onde o Escritor Bitobokele apresentava o MANDOMBE. As gravações foram feitas de forma improvisada, onde transformei o meu humilde apartamento na época, na Praça dos Expedicionários, que batizei de Praça Papá Simon Kimbangu, localizado na cidade de Bauru, no interior do Estado de São Paulo, Brasil, em uma sala de vídeo-aula. Uma série de materiais didáticos está sendo preparada por Bitombokele e Equipa, com o objetivo de facilitar a aprendizagem da escrita MANDOMBE.

Neste livro, com o apoio do que já publicamos na Plataforma Digital: www.mandombeuniversity.online, espero poder responder as principais perguntas que normalmente são feitas quando as pessoas ouvem o sonoro nome MANDOMBE.

Para chegarmos ao MANDOMBE teremos que retornar um pouco na história de África, na época do surgimento de Papá Simon Kimbangu, sua trajetória de vida nos aspectos humano e divino de sua personalidade. O fato de eu não ter nascido em África e muito menos dentro do Kimbanguismo confere ao livro, ao meu ver, um carácter investigativo e despretencioso no que tange a religião kimbanguista. Porém, logo de início deixo muito claro a grande importância da interligação da ciência e

Papá Simon Kimbangu

religião nos estudos do MANDOMBE, pois trata-se de uma Revelação de Papá Simon Kimbangu que iremos conhecer nas próximas páginas deste livro, feita ao católico na época, de nome Wabeladio Payi.

INTRODUÇÃO

DE PAPÁ SIMON KIMBANGU, ATRAVÉS DA RAÇA NEGRA, PARA O BEM DE TODA A HUMANIDADE.

Tem uma frase que presto muita atenção a ela: **"COINCIDÊNCIA É A MANEIRA QUE DEUS ENCONTROU PARA PERMANECER NO ANONIMATO"**. Muitos a atribuem a Albert Einsten e outros ao escritor, poeta, jornalista e crítico literário francês Théophile Gautier.
Nascimento: 31 de agosto de 1811 - Tarbes
Morte: 23 de outubro de 1872 (61 anos) - Paris

A verdade é que, desde o meu nascimento (28/05/1959), como narro no livro Celso Salles, Biografia em Preto e Branco, até o dia de hoje (17/07/2021), data na qual estou a iniciar a escrita deste livro que batizei de **MANDOMBE - DA ÁFRICA PARA O MUNDO - UM GRANDE CHAMADO**, sou a principal testemunha das incríveis e inúmeras coincidências, ano após ano, que me levam a crer neste meu CHAMADO. Dentro do que tenho sentido nas inspirações de Papá Simon Kimbangu, cada um de nós tem uma missão a ser cumprida. Qual é, ou mesmo, qual será a sua missão, infelizmente não tenho como dizer. Você mesmo terá que descobrir, caso o que estarei a transmitir neste livro possa lhe encantar, como tem me encantado.

A GRANDE DIFICULDADE DO AFRICANO E AFRO-DESCENDENTE DE RECONHECER, ESTUDAR E MESMO ACEITAR GRANDES CONTRIBUTOS DE ÁFRICA.

Nestes praticamente 10 anos de vivência no território africano, a serem completados no mês de Setembro de 2021, quando pisei pela primeira vez em solo africano, em Luanda, Angola e, pela segunda vez, no mês seguinte em Harare, capital do Zimbabwe, à convite e totalmente patrocinado pelo Ministério do Turismo do Zimbabwe, tenho percebido a grande influência do pensamento, principalmente europeu na mente dos Africanos.

Nada muito diferente do que vivemos ainda hoje no Brasil, em situação até mais complicada, pois soma-se o imperialismo americano que, pós Bolsonaro, tenho fé que mude pois, um Brasil livre é muito mais interessante não só para os norte-americanos como para o mundo todo e principalmente para o próprio Brasil.

Temos grandes personalidades, pensadores africanos, assim como afro-brasileiros, mas ficamos presos a pensamentos e ensinamentos que, hoje, sem muita dificuldade vemos que precisam ser revistos.

Vamos utilizar como exemplo o próprio Simon Kimbangu. Eu fico triste em, eu como afro-brasileiro já ter o conhecimento que tenho de Papá Simon Kimbangu, o seu plano humano e divino, enquanto a maioria dos africanos que tenho contacto, além de desconhecer, ainda coloca inúmeras dúvidas, muito mais preconceituosas do que baseadas em pesquisas.

Nos dias 28 e 29 de Maio deste ano de 2021, realizava-se a conferência/webinar sobre movimentos socioculturais do Kongo: 100 anos após a prisão de Simon Kimbangu.
As reflexões foram sobre o legado de Simon Kimbangu nas ciências humanas, políticas e religiões em todo o mundo.
Foi realizada entre 9:00h e 16:00h, horário de Nova Iorque.

Contou com a participação de:

- Prof. Emérito. Wyatt MACGAFFEY (Universidade de Haverford)

- Prof Emeritus. John JANZEN (Universidade de Kansas)

- Prof. Ramon SARRO (Universidade de Oxford)

- Prof. John THORNTON (Universidade de Boston)

Querendo ou não, os dominantes de 100 anos atrás, que ainda são os mesmos dominantes de hoje (2021), a figura de Papá Simon Kimbangu deixou importantes ensinamentos, verdadeiros legados, que precisam ser estudados à luz da ciência e também da religião, no tocante ao lado espiritual tão fundamental para a evolução da própria ciência, como poderão testemunhar no nascimento do MANDOMBE. Muitas "chaves" que ainda temos

por serem descobertas, passam por "importantes revelações" que, ao meu ver somente não foram feitas ainda, devido ao coração do homem e o foco errado da humanidade. Enquanto o foco da humanidade continuar sendo dominação e guerras, para valer a força do mais forte, volto a dizer, na minha visão, vamos ficar muito aquém de onde já poderíamos estar.

DOCUMENTÁRIO SIMON KIMBANGU

Juntamente com o Escritor Bitombokele Lei Gomes Lunguani, produzimos em Março de 2016 em Bauru, São Paulo Brasil, o DOCUMENTÁRIO SIMON KIMBANGU, que pode ser assistido
Em Português: https://youtu.be/45o7jCXvcxY
Em Francês: https://youtu.be/Db3-7LPy2CY

O GRANDE DISCURSO DE SIMON KIMBANGU, PROFERIDO EM NBANZA NSANDA AOS 10 DE SETEMBRO DE 1921.

Fonte: Livro A NOVA DESCOLONIZAÇÃO DE ÁFRICA
Autor: Bitombokele Lei Gomes Lunguani
(Pode ser adquirido na amazon.com)

Meus irmãos! O espirito revela-me que é chegado o momento de me entregar às autoridades. Anotem bem isso, que com a minha prisão, iniciar-se-á um período terrível de imensa perseguição contra mim e os que me seguem. Será necessário nos mantermos firmes, porque o espirito do nosso Deus todo poderoso não nos abandonará, pois ele nunca abandona todo aquele que nele confia.

As autoridades vão impor à minha pessoa um silêncio físico muito longo, mas eles não chegarão nunca a destruir a obra que tenho levado acabo, porque ela veio do nosso Deus Pai. É certo que a minha pessoa física será submetida a humilhação e a imenso sofrimento, mas a minha pessoa espiritual ocupar-se á do combate contra as injustiças semeadas pelos povos do mundo das trevas que vêm para nos colonizar.

Eu fui enviado para libertar os povos do Kongo, e a raça negra em geral. Portanto, **o negro torna-se-á branco, e o branco torna-se-á negro**. E os fundamentos espirituais e morais, tal como os conhecemos hoje em dia, serão todos abalados e as guerras persistirão em todo mundo. Em África, os decénios que seguirão à sua libertação serão atrozes, pois os seus primeiros governantes trabalharão para o benefício dos brancos e viverão dos seus conselhos. E, por conseguinte, uma grande desordem espiritual e material se instalará, e as populações do continente guerrearão entre si, o que generalizará a miséria.

Muitos jovens abandonarão o continente na esperança de encontrarem bem-estar nos países dos brancos. Eles falarão todas línguas daquelas paragens, e muitos destes serão seduzidos pela vida material destes países. Consequentemente, tornar-se-ão a comida dos brancos e haverá muitos casos de mortalidade no meio deles, ao ponto de não voltarem a ver mais os seus parentes.

Passará um longo período até o homem negro adquirir a maturidade espiritual. E é com ela que alcançará a independência material. Nessa altura, cumprir-se-á a terceira etapa, da qual nascerá um grande Rei Divino. Ele virá com os seus três poderes: Espiritual, Científico e Político. E eu serei o seu representante. Liquidarei para sempre a humilhação que desde os tempos remotos, não cessa sobre os negros, porque de todas as raças da humanidade, nenhuma foi tão maltratada e humilhada como a raça negra.

Continuem a ler a Bíblia, pois através dos seus ensinamentos chegareis a conhecer a imensa maldade daqueles que vos ensinaram a lê-la, contrário aos princípios morais contidos naquele livro. Contudo, chegará o dia em que teremos o nosso próprio livro Sagrado, dentro do qual estarão escritas imensas verdades até então ocultas sobre a Raça Negra e os povos do Kongo.

Um "Nlongui" (Instrutor), virá antes do meu regresso para escrever este livro e preparar a vinda do Rei. Ele será combatido pela geração do seu tempo. Porém, com o passar de alguns anos, as pessoas compreenderão a sua mensagem e o seguirão.

E porque este Nlongui preparará os povos do Congo para a vinda do grande Rei?

Ora, a chegada do Rei será uma acção demolidora e implacável. Assim, será necessário que os povos do Congo sejam instruídos, pois não sabem o que significa guerra espiritual.

Que proveito tem o homem em combater a Deus, se no dia da sua morte, ainda que tenha muitos bens não terá tempo se quer para arrumar a sua própria casa?

Vocês desconhecem do quê foi feito a vossa vida e porquê viveis. E existir fisicamente não é tão importante.

Porque matar o seu próximo e ao mesmo tempo desejar que a sua vida continue, e por quanto tempo?

Deus não tem tempo, nem espaço. Ele é todo e em tudo.

Os povos do Congo perderão tudo, pois serão instigados a seguirem os princípios morais perversos do mundo ocidental, esquecendo deste modo os seus mais nobres valores legados pelos seus antepassados, o que resultará também no desprezo das línguas locais.

Entretanto, exorto-vos a não menosprezarem as vossas línguas. É preciso que vocês as ensinem cada vez mais aos vossos filhos e netos, porque virá um tempo em que as línguas dos brancos serão esquecidas.

Deus pai deu a cada grupo humano, uma língua que serve de comunicação com Ele.
Simon Kimbangu - Mbanza Nsanda, 10 de Setembro de 1921

George Floyd

Celso Salles

Bitombokele Lungua

mandombeuniversity.online

MANDOMBE

A seguir vamos trazer uma sinopse de cada vídeo-aula gerado pelo Escritor e Professor de MANDOMBE, Bitombokele Lei Gomes Lunguani, lembrando que, de qualquer parte do mundo você pode e deve estudar MANDOMBE.

ESTUDE ONLINE:
http://bit.ly/mandombeworld

Nelson Mandela

Obama

mandombeuniversity.online

mandombeuniversity.online

PT: https://youtu.be/KtcXjaU6j24
FR: https://youtu.be/IFAoRSVZ6qM

01

Na primeira aula faz-se um estudo sistemático da essência da situação atual do continente africano. O MANDOMBE é um sistema de pensamento africano que disponibiliza normas epistemológicas, que permitem e facilitam o desenvolvimento cultural e científico do continente africano.

Já passaram 60 anos desde que a África se tornou independente. Qual é o balanço que se faz?

O balanço continua a ser negativo. O índice do desenvolvimento do continente africano continua a ser muito baixo.

Há um problema muito sério que precisa ser analisado. Por isso antes mesmo de entrarmos mais a profundo no estudo do MANDOMBE nesta e nas próximas aulas precisamos estudar esta ferida que assola o continente africano.

O MANDOMBE apresenta um novo Paradigma com relação aos estudos académicos.

Em que circunstâncias o MANDOMBE surgiu?

RESTAURAÇÃO SOCIAL:
Trata-se de uma revisão do sistema social em África. Estuda-se o que leva um povo a rever o seu sistema social. Muitos países já viveram a experiência de empreender a restauração social.

Um dos grandes exemplos a seguir é o caso da CHINA que empreendeu a sua restauração social à partir de 1963, liderada por Mao Tse-tung que ele chamou de REVOLUÇÃO CULTURAL CHINESA. Antes de 1963 a Chinda era um dos países mais pobres do mundo.

Quando a China acordar ...:
... o mundo estremecerá.
(Quand la Chine s'éveillera...:
... Le monde tremblera)
à venda na Amazon: https://
www.amazon.fr/Quand-Chine-
s%C3%A9veillera-monde-
tremblera/dp/2213006717
Autor: Alain Peyrefitte

quand
la chine.
s'eveillera...
... le monde tremblera

ALAIN
PEYREFITTE
de l'Académie française

EDITION
MISE A JOUR

FAYARD

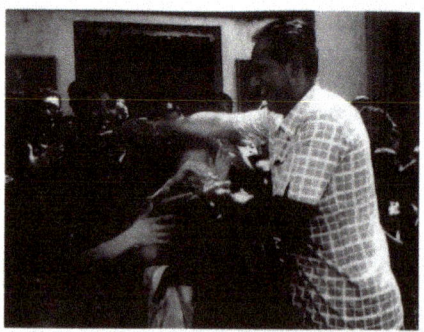

- bain de foule - parmi des enfants et des adolescents chinois.   (Marc Riboud-Magnum)

« Le *Printemps de Pékin* sur la place Tiananmen et, surtout, la tuerie du 4 juin 1989 semblent marquer une si brutale coupure, qu'on serait tenté de tenir pour péripéties les événements qui les ont précédés, comme la Révolution culturelle, cette formidable poussée d'hystérie collective.

En juillet 1973, paraissait la première édition de cet ouvrage, rapport d'enquête sur l'état de la Chine dans l'été 1971, au beau milieu de la Révolution culturelle : quelques mois pour préparer le voyage, quelques semaines pour observer, deux ans pour digérer...

L'ouvrage restait-il encore valide, après si longtemps ? Les événements de ces dernières années sont assurément importants ; mais les structures de la vie collective et de la mentalité chinoises en ont-elles été transformées en profondeur ? Ce que j'avais essayé de mettre à nu, c'étaient *les ressorts fondamentaux de ce peuple et de cette révolution.* Ils demeurent.

Fallait-il donc republier ce livre en l'état ? C'eût été possible, s'il se fût agi d'un simple récit de voyage. Toutefois, j'avais tenté d'écrire une introduction à l'intelligence de la Chine contemporaine. Pour que le livre pût encore rendre ce service, il fallait l'actualiser, sans rien toucher à son équilibre interne.

Avouons-le, ces dernières années, la Chine nous a encore étonnés, plus semblable à elle-même de nous surprendre toujours, que de se conformer à l'image que nous nous en faisions. Elle nous interroge de nouveau, et sur elle, et sur nous. »

ISBN 978-2-213-00671-0

9 782213 006710   35-6446-5 II-2007
26 € prix TTC France

Alain Peyrefitte (26 de agosto de 1925 - 27 de novembro de 1999) foi um estudioso e político francês. **Funções governamentais:**

- Secretário de Estado da Informação: abril - setembro de 1962.
- Ministro dos Repatriados: setembro - novembro de 1962.
- Ministro da Informação: 1962–1966.
- Ministro da Pesquisa Científica e Questões Atômicas e Espaço: 1966–1967.
- Ministro da Educação: 1967–1968.
- Ministro das Reformas Administrativas: 1973–1974.
- Ministro da Cultura e do Meio Ambiente: março a maio de 1974.
- Guardião dos selos, Ministro da Justiça: 1977–1981.

Em seu livro: Quando a China acordar o mundo estremecerá, Alain procura transmitir o que viu na China em Julho de 1973. O próprio nome do livro DIZ TUDO e, em 2021, vivemos de fato o que ele profetizou. Eu, Celso Salles, nasci em 1959 e, ainda muito novo testemunhei o chamado na época "MILAGRE JAPONÊS" e acompanhei todo o desdobramento da REVOLUÇÃO CULTURAL CHINESA, vendo inúmeros empresários praticamente mudarem suas linhas de produção para a China, para aumentar a competitividade de seus produtos no mercado brasileiro e internacional.

Muitos efeitos que vivemos hoje são de causas recentes. Os mais jovens precisam pesquisar na internet ou mesmo em livros, porém muito do que falamos, vivemos efetivamente.

Quando Bitombokele em sua primeira aula do MANDOMBE dá luz à Revolução Cultural Chinesa, o faz com muita sabedoria, pois é exatamente o que o continente africano precisa fazer, obviamente, dentro de suas características próprias.

A AGENDA 2063 da União Africana posso considerar em minha análise como um importante passo para essa RESTAURAÇÃO SOCIAL AFRICANA muito bem colocada por Bitombokele em sua primeira aula do MANDOMBE.

O conteúdo das aulas foi feito pelo Escritor e Professor angolano Bitombokele Lei Gomes Lunguani. Sempre que eu for colocar qualquer opnião, o farei nestes quadros com fundo cinza, para que fique muito bem especificado onde como autor do livro, coloco a minha visão e onde é conteúdo extraído das aulas postadas pela MANDOMBE UNIVERSITY na plataforma digital www.mandombeuniversity.online.

Propositalmente, procurei selecionar apenas alguns trechos das aulas de Bitombokele na Mandombe University, no entando, nos links colocados logo no início de cada aula, terá acesso ao conteúdo completo de cada aula nos idiomas PORTUGUÊS (PR) e Francês (FR). Este é um primeiro livro falando sobre o MANDOMBE que fiz questão de torná-lo parte da COLEÇÃO ÁFRICA, exatamente pela grande importância do MANDOMBE em um contexto geral.

Você pode estudar MANDOMBE de forma grátis, já que o conteúdo está aberto no link: bit.ly/mandombebeguinner .
Caso queira fazer aulas com ajuda de instrutores basta se matricular através do link: bit.ly/mandombeworld.

mandombeuniversity.online

02

ESTUDE ONLINE:
https://bit.ly/mandombeworld

À partir da segunda aula, o professor Bitombokele inicia sempre com a seguinte saudação, no idioma Kikongo:
- MASONO MANDOMBE MA MBOTE, que significa: A NOSSA ESCRITURA É MARAVILHOSA.
Cuja resposta é
- MATONDO KUA NZAMBI, que significa: DEMOS GRAÇAS A DEUS.
Trata-se de um código estabelecido por Wabeladio Payi, que cria um cenário de identificação entre os praticantes do MANDOMBE.

Nesta Aula 2, fala-se sobre a referência histórica do homem negro. O Ápice e a queda da África. Começa por apresentar importantes entidades da história de África.

Uma das primeiras entidades em destaque é HERÓDOTO.

Heródoto foi um escritor e geógrafo grego considerado o primeiro historiador. Por volta do ano 425 a.C., Heródoto publicou sua magnum opus: um longo relato das Guerras Greco-Persas que ele chamou de "As Histórias". (A palavra grega "história" significa "investigação".) Antes de Heródoto, nenhum escritor jamais havia feito um estudo tão sistemático e completo do passado ou tentado explicar a causa e efeito de seus eventos. Depois de Heródoto, a análise histórica tornou-se uma parte indispensável da vida intelectual e política. Os estudiosos têm seguido os passos de Heródoto por 2.500 anos. Pode ser considerado como um pai da história pois estabeleceu as normas para sistematização da história.

O Egito Faraónico, onde seus habitantes tinham cabelos crespos e a pele negra foi a primeira pátria dos conhecimentos. Os africanos negros estão na base do conhecimento.

Bem resumidamente, na sequência os Gregos foram estudar no Egito, como é o caso de Pitágoras que ficou 23 anos no Egito e depois contextualizou tudo o que aprendeu no Egito, no código grego. Vestiu o conhecimento do Egito com o casaco genuinamente grego. Pitágoras dizia, eu não sou sábio, os verdadeiros sábios estão no Egito. Eu sou apenas amigo da sabedoria. Alguém que se aproximou dos verdadeiros sábios que estão no Egito-África.

Pitágoras é conhecido por ter criado a palavra Filosofia. A palavra "filosofia" é a união de suas palavras gregas, amor (philo) e sabedoria (sophia), significando, então, o "amor à sabedoria", "amor ao conhecimento".

Depois da liderança grega, vem a liderança romana, que na fusão conhecemos como civilização greco-romana.

Basicamente é este o triângulo do conhecimento: Do Egito para a Grécia e da Grécia para Roma.

Uma outra entidade muito importante para os estudos africanos foi **Cheikh Anta Diop** (29 de dezembro de 1923 - 7 de fevereiro de 1986) foi um historiador, antropólogo, físico e político **senegalês** que estudou as origens da raça humana e a cultura africana pré-colonial, corrigindo muito do que foi erroneamente ensinado, na tentativa de retirar o protagonismo africano no que tange ao berço do conhecimento da humanidade.

O trabalho de **Diop** levantou questões sobre o preconceito cultural na pesquisa científica. A Universidade Cheikh Anta Diop (anteriormente conhecida como Universidade de Dakar), em Dakar, Senegal, foi nomeada em sua homenagem.

Diop apoiou seus argumentos com referências a autores antigos como Heródoto e Estrabão. Por exemplo, quando Heródoto desejou argumentar que o povo colchiano era parente dos egípcios, ele disse que os colchianos eram "negros, com cabelo encaracolado". Diop usou declarações desses escritores para ilustrar sua teoria de que os antigos egípcios tinham os mesmos traços físicos dos negros africanos modernos (cor da pele, tipo de cabelo). Sua interpretação de dados antropológicos (como o papel do matriarcado) e dados arqueológicos o levaram a concluir que a cultura egípcia era uma cultura negra africana. Na linguística, ele acreditava em particular que a língua wolof da África Ocidental contemporânea está relacionada ao egípcio antigo.

A ESCRITA SEPARA A PRÉ-HISTÓRIA DA HISTÓRIA.

Tudo o que antecede o advento da escrita é PRÉ-HISTÓRIA.

Outra importante entidade destacada na Aula 2 é **Théophile Obenga** (nascido em 1936 na República do Congo), professor emérito no African Studies Center of San Francisco State University. Ele é um defensor politicamente ativo do pan-africanismo e afrocentista. Obenga é egiptólogo, lingüista e historiador.

Théophile Obenga estudou uma ampla variedade de assuntos e obteve uma ampla gama de diplomas. Seus diplomas incluem:

M.A. em Filosofia (Universidade de Bordeaux, França)
M.Ed. (Universidade de Pittsburgh, EUA)
M.A. em História (Universidade de Paris, Sorbonne)
Estudos avançados em História, Lingüística e Egiptologia (Universidade de Genebra, Suíça); em Pré-história (Institut de Paléontologie Humaine, Paris) e em Lingüística, Filologia e Egiptologia (Universidade de Paris, Sorbonne e College de France)
Théophile Obenga é Ph.D. Doutor em Letras, Artes e Humanidades pela Universidade de Montpellier, França. É membro da Associação Francesa de Egiptólogos (Société Française D'Egyptologie) e da Sociedade Africana de Cultura (Présence Africaine). Ele contribuiu como parte do programa da Organização das Nações Unidas para a Educação e a Cultura Científica (UNESCO), para a redação da História Geral da África e da História Científica e Cultural da Humanidade. Foi, até o final de 1991, Diretor Geral do Centre International des Civilizations Bantu (CICIBA) em Libreville, Gabão. Ele é o diretor e editor-chefe da revista Ankh. De 28 de janeiro a 3 de fevereiro de 1974, no Cairo, Egito, Théophile Obenga acompanhou Cheikh Anta Diop como representante da África (havia também vários professores do Egito e do Sudão) ao simpósio da UNESCO sobre "O povoamento do Egito Antigo e a decifração do Meroitic Script ".

mandombeuniversity.online

03

A CRISE, NO CONTEXTO AFRICANO.

O CONCEITO DA PALAVRA CRISE - Etimologia

A palavra grega krísis era usada pelos médicos antigos com um sentido particular. Quando o doente, depois de medicado, entrava em crise, era sinal de que haveria um desfecho: a cura ou a morte. Crise significa separação. É o momento de SEPARAÇÃO de um estado para outro. Do estado de glória para o estado da queda. A transição entre um estado e outro chamamos de crise.

A crise pode ser considerada como o momento em que se coloca em questão o equilíbrio de um sistema. Algo que estava estável, passa de um momento para o outro a um estado de desequilíbrio.

A CRISE pode ser uma mudança biológica, social ou psicológica.

Dentro dessa mudança é preciso que haja um esforço suplementar para se manter em equilíbrio. Dentro da crise vivemos basicamente dois estados: o do equilíbrio e o do desequilíbrio. Muitas pessoas acabam não suportando o estado da crise, quando a mudança é desfavorável, exatamente por não conseguirem se manter em estado de equilíbrio mental.

A LÓGICA UNIVERSAL DA CRISE

Considerando a crise como um caos, uma desordem, existe sempre uma ordem de estabilidade escondida, que precisa ser descoberta, para identificar e aproveitar as oportunidades que ela oferece.

É exatamente neste momento que se identificam os grandes líderes. As grandes pessoas. Suas visões e ações.

Dentro da CRISE AFRICANA temos absoluta certeza de que a África precisa encontrar os caminhos para ultrapassar esta crise.

O MANDOMBE e a MANDOMBE UNIVESITY querem ser importantes ferramentas para contribuir com os esforços suplementares necessários para que o africano possa ultrapassar a crise e convergir a novos e importantes momentos de sua história retornando à época áurea do tempo do antigo egito.

CRIAÇÃO DE MECANISMOS PARA IMPLEMENTAR O PROCESSO DE ESFORÇO SUPLEMENTAR EM ÁFRICA.

Mecanismos que atuem nas dimensões:
- IDEOLÓGICA
- ORGANIZACIONAL
- CIENTÍFICA
- TECNOLÓGICA

mandombeuniversity.online

PT: https://youtu.be/NOxhEoKz3ZI
FR: https://youtu.be/I2G7_eFfEbg

04

ESTUDE ONLINE:
http://bit.ly/mandombeworld

A PARTE PRÁTICA DO MANDOMBE
OS PRINCIPAIS CONCEITOS DA PARTE TÉCNICA DO MANDOMBE.

Estudo do Mandombe como Instrumento
do Renascimento Africano Moderno.

Na linguagem africana KIKONGO

MANDOMBE = MA + NDOMBE

MA (Que pertence a)
NDOMBE (Negro)

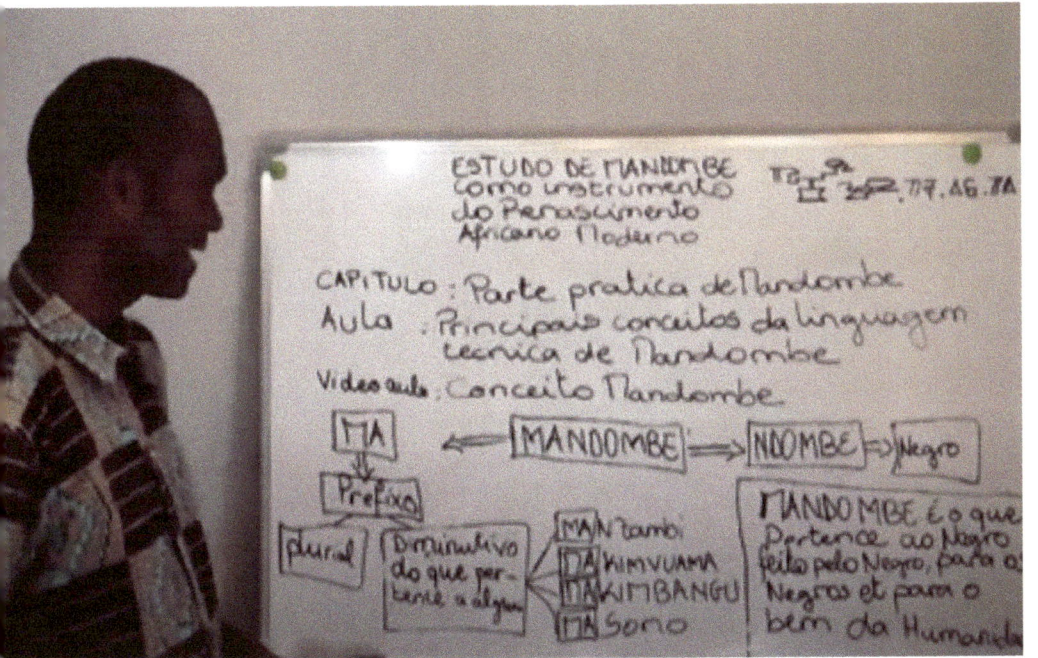

MANZAMBI - Conjunto de todos os conhecimentos que pertencem a Deus (Teologia).

MAKINVUAMA - Todo o conhecimento ligado a riqueza (Economia).

MAKIMBANGU - O ramo da teologia que estuda a natureza Kimbangu.

MASONO - O Conjunto de todos os aspectos relacionados a escrita.

MANDOMBE É O QUE PERTENCE AO NEGRO, feito pelo negro, para o negro e para o bem da humanidade.

O idioma africano KIKONGO é utilizado na transmissão dos conhecimentos do MANDOMBE como poderá ser visto nas próximas aulas. Ao estudar o MANDOMBE irá aprender muito do idioma Kikongo e entender melhor o que disse Papa Simon Kimbangu em seu discurso de 10 de Setembro de 1921:

"Entretanto, exorto-vos a não menosprezarem as vossas línguas. É preciso que vocês as ensinem cada vez mais aos vossos filhos e netos "

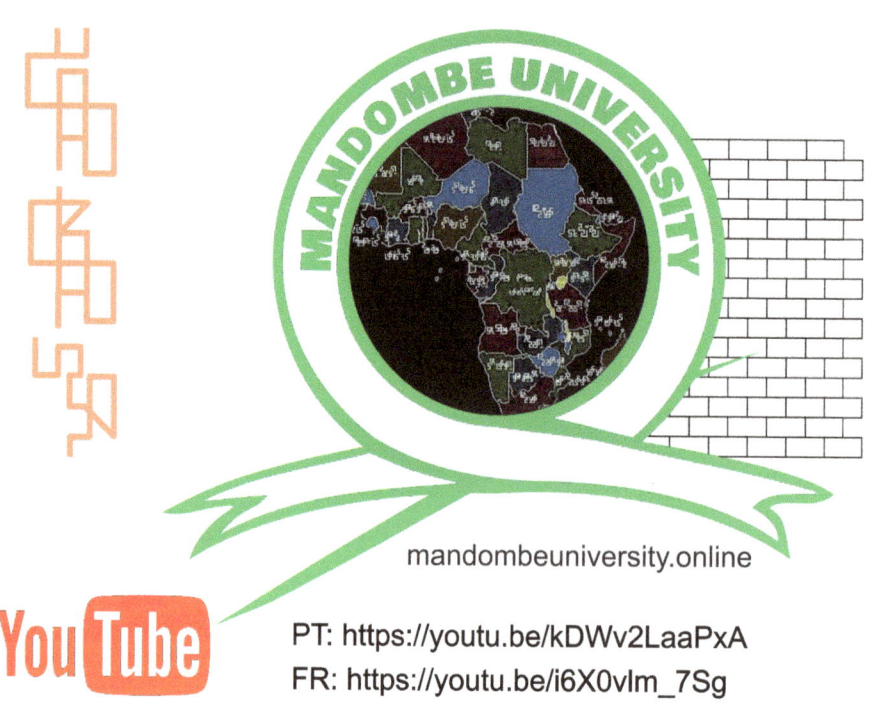

mandombeuniversity.online

PT: https://youtu.be/kDWv2LaaPxA
FR: https://youtu.be/i6X0vlm_7Sg

05

ESTUDE ONLINE:
http://bit.ly/mandombeworld

ESTUDO DO MANDOMBE COMO INSTRUMENTO DO PENSAMENTO AFRICANO MODERNO

CONCEITOS

SINGINI - Ponto de partida de uma transição em MANDOMBE. (Calcanhar)

MVUALA - Trata-se de um símbolo de poder - BENGALA - BASTIÃO
- Conceito de MANDOMBE;
- Conceito do KIMBANGUISMO.

PAKUNDUNGU   PELEKETE

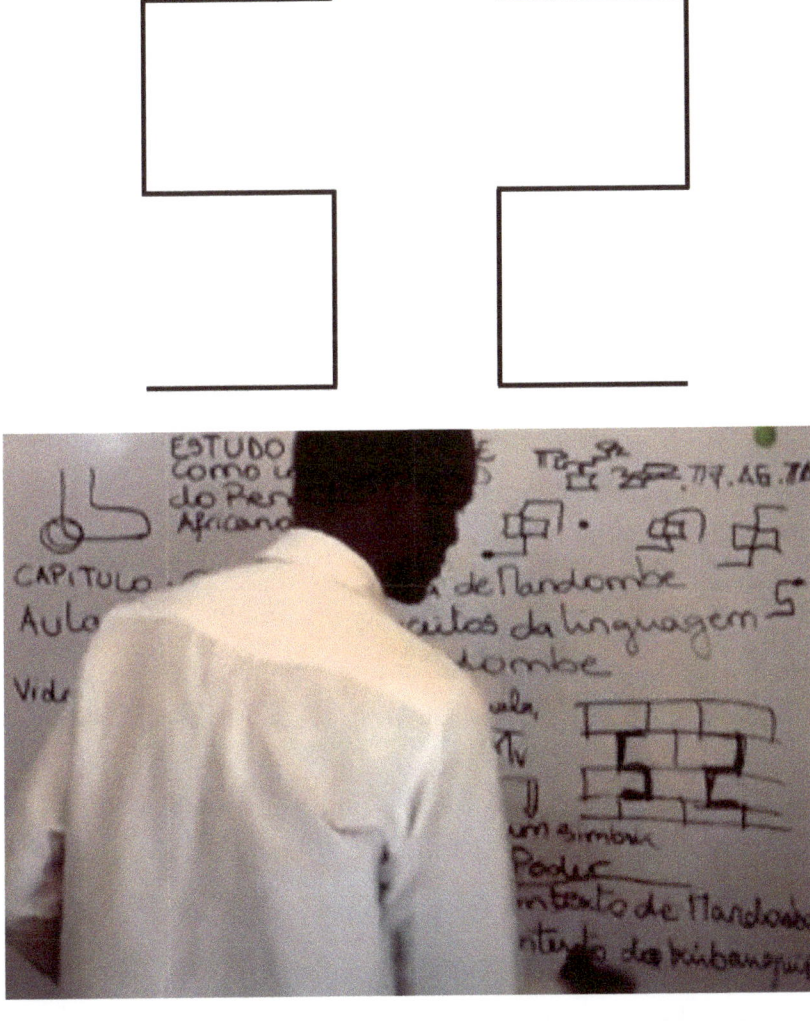

31

06

ESTUDE ONLINE:
http://bit.ly/mandombeworld

ESTUDO DA KISIMBA, KONDE E ZITA

KISIMBA - É o que sustenta ou assegura algo. No MANDOMBE é a figura geométrica que se conecta ao MWALA, que permite mostrar a posição em que o KISIMBA se encontra.

KONDE - É a rede. Trata-se de uma grelha ilimitada que constitue a fonte onde o pesquisador de MANDOMBE vai buscar o KISIMBA.

ZITA - O nó ou o ponto de conexão. É a figura que representa a conexão ou a combinação do KISIMBA e do MWALA.

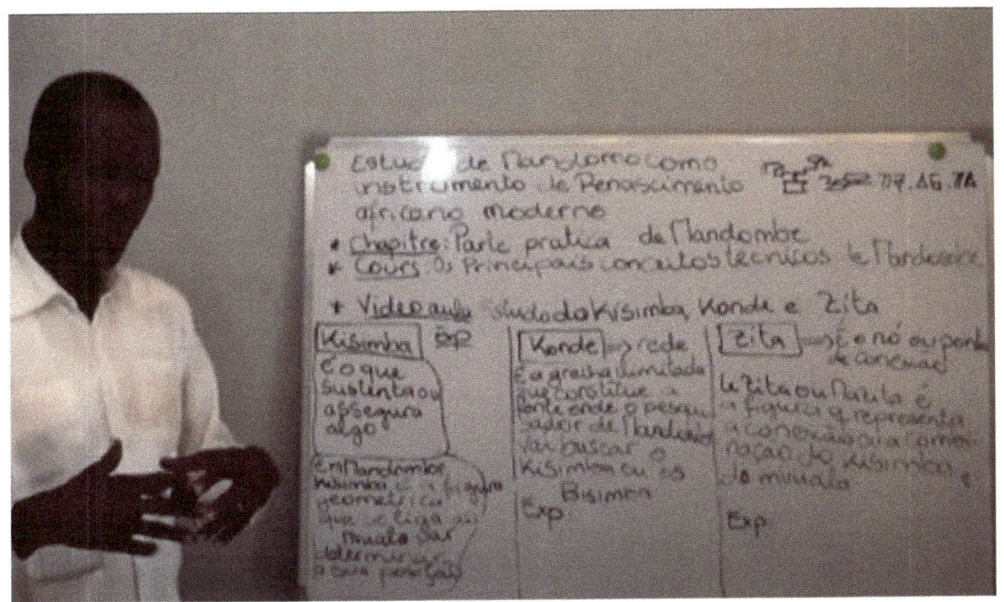

As linguas africanas são línguas monosilábicas. Na escrita MANDOMBE utiliza-se o conceito ZITA.

Na escrita MANDOMBE, por exemplo, o A é uma sílaba, pois é uma combinação do MWALA com o KISIMBA, exatamente porque ele é uma ZITA que conhecemos como sílaba.

A   NGO   LA

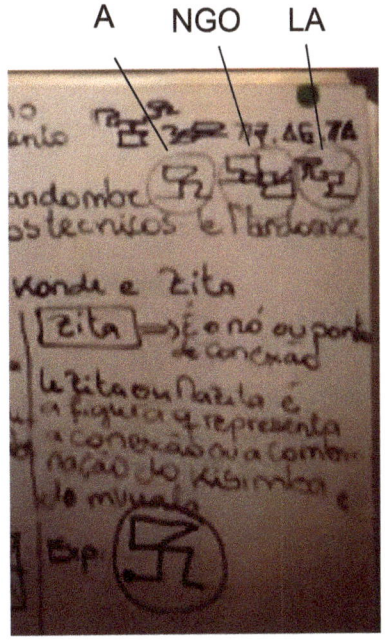

Procure acessar os vídeos onde o professor Bitombokele fornece mais e melhores informações. Lembrando que cada aula está disponibilizada em vídeo nos idiomas PR - Português e FR - Francês.

mandombeuniversity.online

PT: https://youtu.be/1Lg9IHhBpPM
FR: https://youtu.be/0hGMG3I9-LQ

07

ESTUDE ONLINE:
http://bit.ly/mandombeworld

ESTUDO DO CONCEITO KIMBANGU

A palavra Kimbangu deve ser entendida em duas perspectivas.

1ª) **Kimbangi** (Atestado) + Mbangi (Testemunha), sendo assim, Kimbangu é a testemunha ocular, detentora de uma prova ou atestado palpável, para justificar sua presença na altura do ocorrido, apresentando provas.

2ª) **Mbangu** (Cesto feito de jungos que serve para guardar peças preciosas ou mesmo para servir comida) + M´bangundi (Detentor da senha ou do código secreto)

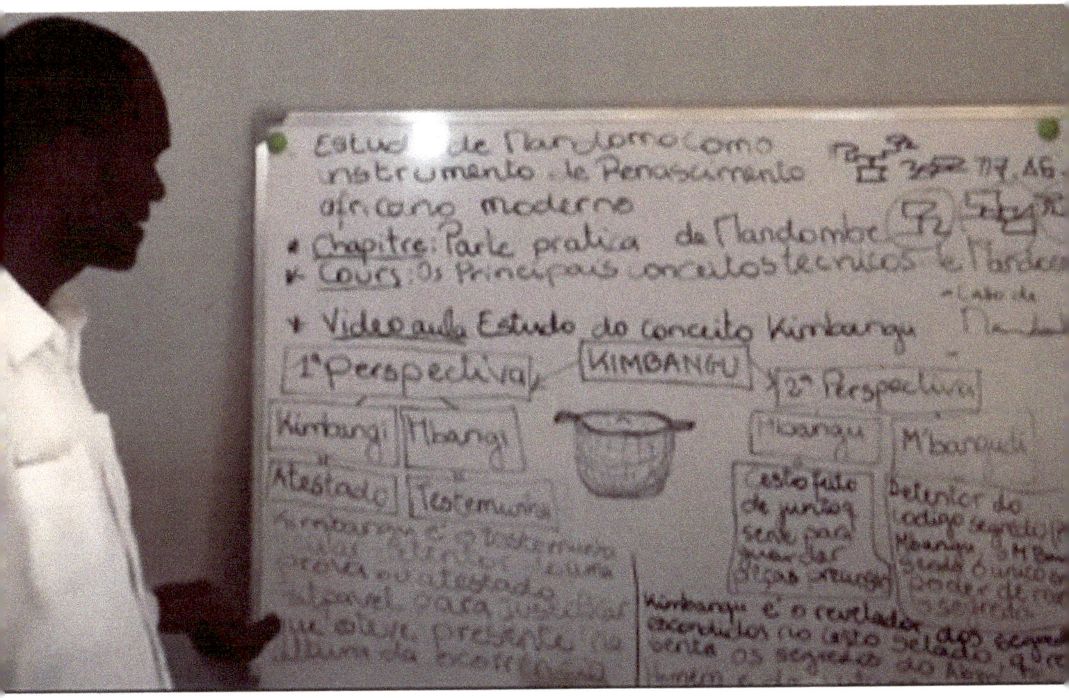

Kimbangu é o revelador dos segredos escondidos no cesto selado, que representa os segredos da natureza, dos três elementos fundamentais do universo, da natureza: O absoluto, o homem e a natureza.

O KIMBANGU tem o código PIN do UNIVERSO.

O MANDOMBE inspirado por Papá Simon Kimbangu é uma das primeiras de suas revelações, onde, através do muro de blocos se desenvolveu o MANDOMBE.

mandombeuniversity.online

PT: https://youtu.be/yQ8qj_WxzOA
FR: https://youtu.be/n6zXE81zE-4

08

ESTUDE ONLINE:
http://bit.ly/mandombeworld

Como funciona a estrutura de Ensino do MANDOMBE?

Nesta aula vamos ver exatamente isto, através dos conceitos buscados na natureza e na cultura africana, no MANDOMBE representada pela lingua KIKONGO. O contexto linguístico KIKONGO é o responsável pela codificação MANDOMBE. É o grande centro de investigação científica.

KANGU DIA MANDOMBE: Aliança que congrega todos os que já aprenderam o MANDOMBE, os que pesquisam e os que estão a aprender o MANDOMBE.

KANGU - Aliança

SAMA KIA MANDOMBE: Título atribuído ao detentor da sabedoria do MANDOMBE.

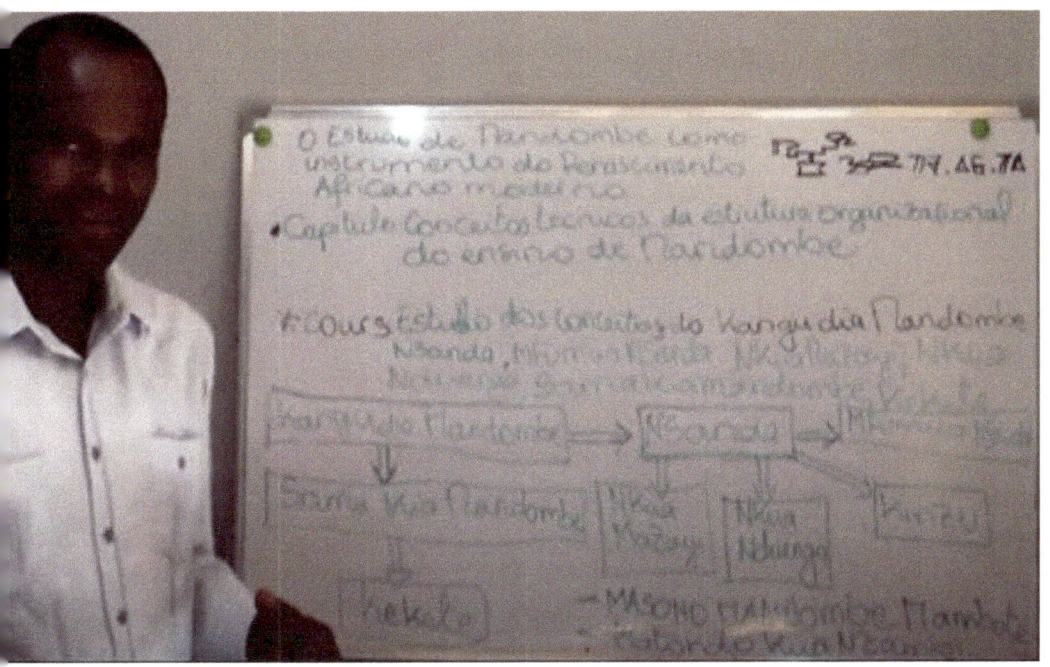

SAMA - Estrutura de terra que as formigas constroem nas aldeias, nas matas. São formigas comestíveis na gastronomia africana. Essas formigas possuem uma organização espetacular. Constroem castelos de terra onde realizam uma espetacular gestão dos alimentos.

KEKETE: O Assistente do MANDOMBE, que faz parte da Equipa do SAMA KIA MANDOMBE.

N`SANDA: É uma árvore utilizada pelos mais velhos africanos como um local para resoluções dos problemas da Aldeia. É a PLATAFORMA onde se transmite os conhecimentos do MANDOMBE.

NKUA MAZAY: Detentor do conhecimento.

NKUA DUENGA: Detentor da sabedoria.

MFUMUA N´SANDA: Chefe do Centro de Transmissão de Conhecimento.

KINZU: É uma panela de barro que os mais velhos utilizavam para cozinhar. Representa a contrituição que cada NKUA DUENGA dá para a manutenção da Estrutura MANDOMBE.

mandombeuniversity.online

09

A HISTÓRIA SISTEMATIZADA DO MANDOMBE

A FASE PROFÉTICA

Na dominação de um povo são utilizadas basicamente 3 técnicas:

1) Roubar ou Adulterar a História do Povo. Esse povo fica perdido, sem referência, sem linhas mestras de comportamento. E essa deturpação da história é o que se transmite nas escolas. É o que se transmite nos programas clássicos das universidades. É isso o que acontece em África. O desconhecimento que ainda se tem em África da pessoa de Papá Simon Kimbangu serve como um grande exemplo e OCULTAR A REAL HISTÓRIA AFRICANA.

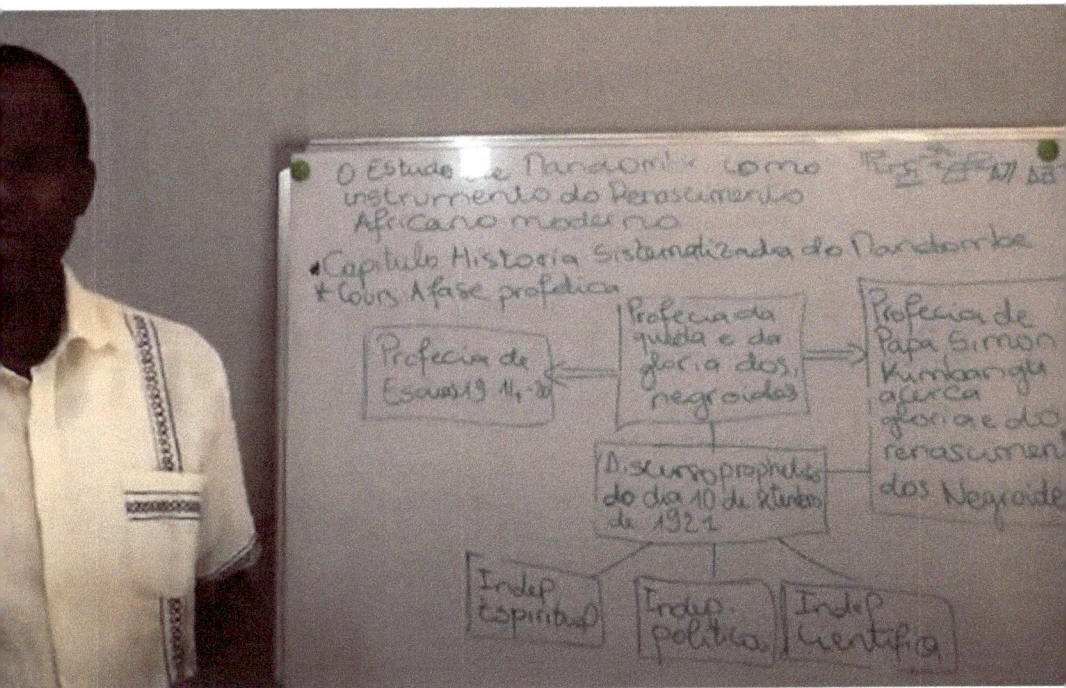

2) Inserir na mente dos povos a serem dominados, o ódio de si próprios. Quebrar tudo o que é auto-estima. Fazer os povos dominados pensarem que não valem absolutamente nada. Não representam absolutamente nada.

3) A queda da alma cultural dos povos. Fazer o Africano desvalorizar tudo o que é cultura que lhe pertence: línguas, escritas, artes. Tudo o que pertence ao povo africano tem que ser desvalorizado. O pensamento, a maneira de comer, a maneira de fazer as coisas. Tudo fica reprovado.

O MANDOMBE vem resgatar a VERDADEIRA HISTÓRIA e auto-estima do povo africano. A história ainda hoje contada da áfrica foi embranquecida.

Vamos agora analisar dois importantes documentos muito importantes no que tange ao entendimento a da fase profética da História Sistematizada do MANDOMBE:

1) A PROFECIA DE ISAIAS 19: 14 - 20

Nestes versículos o Profeta Isaias profetiza a queda do Egito e a vinda de um salvador para resgatar o homem negro.

14 O SENHOR derramou no meio dele um perverso espírito; e eles fizeram errar o Egito em toda a sua obra, como o bêbado quando se revolve no seu vómito. *15* E não aproveitará ao Egito obra alguma que possa fazer a cabeça, a cauda, o ramo, ou o junco. *16* Naquele tempo os egípcios serão como mulheres, e tremerão e temerão por causa do movimento da mão do SENHOR dos Exércitos, que há de levantar-se contra eles. *17* E a terra de Judá será um espanto para o Egito; todo aquele a quem isso se anunciar se assombrará, por causa do propósito do SENHOR dos Exércitos, que determinou contra eles. *18* Naquele tempo haverá cinco cidades na terra do Egito que falarão a língua de Canaã e farão juramento ao SENHOR dos Exércitos; e uma se chamará: Cidade de destruição. *19* Naquele tempo o SENHOR terá um altar no meio da terra do Egito, e uma coluna se erigirá ao SENHOR, junto da sua fronteira. *20* E servirá de sinal e de testemunho ao SENHOR dos Exércitos na terra do Egito, porque ao SENHOR clamarão por causa dos opressores, **e ele lhes enviará um salvador e um protetor, que os livrará.**

2) Profecia de Papá Simon Kimbangu sobre a Glória e Renascimento dos Negróides.
Vide páginas 5, 6 e 7.

Independências:
ESPIRITUAL
POLÍTICA
CIENTIFICA

O RESGATE E A DOCUMENTAÇÃO
DOS CONHECIMENTOS EM ÁFRICA.

Os conhecimentos em África precisam ser ESCRITOS e PUBLICADOS. Ainda são de transmissão oral e acabam morrendo juntamente com muitas gerações de professores. O interesse dos leitores é imenso, pois em sua maioria têm sede de novas histórias, diferentes das que foram contadas .

educasat
Editora

mandombeuniversity.online

PT: https://youtu.be/-azzeltvyz4
FR: https://youtu.be/8BwJJmjBaus

10

ESTUDE ONLINE:
http://bit.ly/mandombeworld

A FASE DO CHAMAMENTO OU VOCAÇÃO

David Wabeladio Payi nasceu em Ngombe Lutete, no dia 15 de Janeiro de 1957 no seio de uma família de dez filhos. Mecânico de formação, nunca exerçeu a sua profissão. Muito cedo em 1978 após uma visão espiritual, passou dias inteiros no seu quarto e mais tarde dedicando-se as suas pesquisas cientificas, seus esforços e perseverança finalmente são recompensados. Aos 21 anos Papá Simon Kimbangu lhe incumbiu uma missão em favor da Raça Negra e de toda humanidade, uma assistência metafisica investigativa que lhe levou a descobrir o teorema MANDOMBE no muro de blocos.

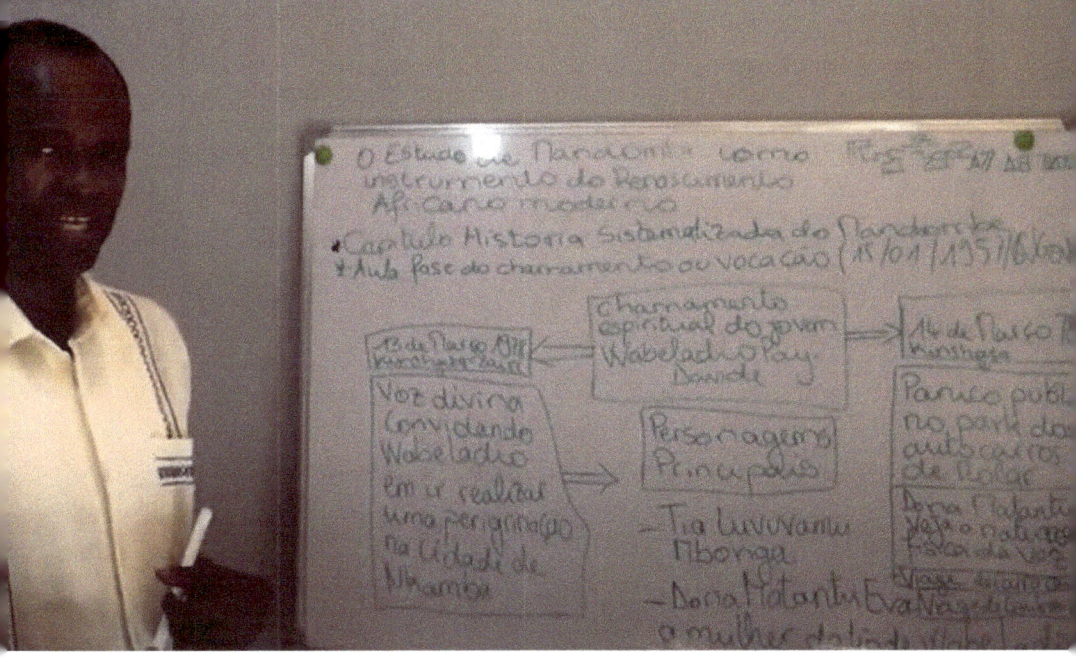

VOZ DIVINA CONVIDANDO WABELADIO A FAZER UMA PEREGRINAÇÃO ATÉ A CIDADE DE NKAMBA.

Wabeladio tinha o sonho de ser condutor de "comboio" (trem). A fim de realizar este seu sonho, em 1978, solicitou ao tio que cuidava dele até então, autorização para fazer uma viagem a Kinshasa.

Estando já em Kinshasa, a grande história começa no dia 13 de Março de 1978. Vivia na casa do tio Mafuila Garcia que era casado com a Mamá Matantu Eva. Wabeladio tinha também uma tia, chamada Luvuvamu Mbonga. Toda história que você pode acompanhar com riqueza de detalhes nos vídeos da aula 10.

O Professor Bitombokele ia anotando tudo que Wabeladio contava, no caderno ao lado.

É exatamente na noite do dia 13 de Março de 1978, que Wabeladio ouve uma voz divina, lhe convidando a realizar uma peregrinação para Nkamba. A voz dizia: David vai em Nkamba, rezar e banhar-se na fonte sagrada, pois vai receber uma grande missão à favor da raça negra. Essa voz, conforme Wabeladio dizia a Bitombokele, era uma voz suave.

Era uma voz que invadia todo o ser de Wabeladio.

Não havia meios de resistir àquela voz. E logo que acordou pela manhã, contou a história para a Mamá Matantu Eva, que era a esposa do tio de Wabeladio. Foi ela a primeira pessoa que recebeu a informação. A Mamá Matantu ficou preocupada e mandou chamar a tia Luvuvamu Mbonga que ao receber a notícia dizia: mas nós somos católicos e essa coisa de ir em Nkamba, não tem nada a ver conosco. Isso deve ser alucinação ou malária. Porém David estava muito convencido que ele vivia um fenómeno anormal. Wabeladio tinha a impressão que se negasse, aquela voz poderia destruí-lo, mas se aceitasse, aquela voz poderia lhe dar paz.

Já no autocarro (ônibus) Mamá Matantu, sentada ao lado de Mamá Luvuvamu teve a capacidade de ver sentado ao lado de Wabeladio, uma pessoa com roupas de prisioneiro, com correntes nas mãos, e descreveu Papá Simon Kimbangu sem jamais ter sabido de sua existência. Mamá Matuntu entrou em pânico, gritou e gerou a maior confusão no autocarro. O motorista também ficou espantado e todos fugiram.

À partir daquele momento já se estabelecia uma aliança espiritual entre Wabeladio e Kimbangu. Wabeladio resolveu viajar de comboio (trem). **Continua na aula 11, Wabeladio já em Mbanza-Ngungu, que seria uma paragem a caminho de Nkamba.**

Na sequência vou pedir licença ao professor Bitombokele e adicionar em sua aula 10 a ENTREVISTA que o pesquisador e antropólogo espanhol realizou contanto muito do que viveu nos contactos que teve com Payi.

Ramon Sarró
O antropologista fala do primeiro alfabeto negro-africano, criado por Wabeladio Payi, e da igreja kimbanguista.

Publicado em 27/04/2015, por Amarilis Borges

Fonte: http://www.redeangola.info/especiais/o-mandombe-deve-ver-se-como-um-movimento-de-revitalizacao-cultural/

Como estão relacionados o antigo reino do Congo, religião e afirmação de uma identidade africana através de um alfabeto enviado por Deus?

A resposta é Wabeladio Payi, um congolês que desenvolveu uma escrita negro-africana que tanto pode ter sido revelação divina como uma invenção original, o mandombe. Ramon Sarró, antropologista e investigador da Universidade de Oxford, especialista em religiões africanas, começou a investigar o tema em 2009, quando conheceu o criador do alfabeto na cidade sagrada de N'kamba (RD Congo), também conhecida como Nova Jerusalém, berço da igreja kimbanguista.

O livro Wabeladio and the Invention of Mandombe: Writing, Faith, and Creativity in Central Africa (Wabeladio e a invenção do mandombe: escrita, fé e criatividade na África Central) é o pretexto desta conversa que começa com uma introdução sobre o kimbanguismo, igreja fundada por Simon Kimbangu no antigo Congo Belga. O livro que vai ser editado em inglês está na fase final de produção, não havendo ainda data de lançamento ou os países em que vai ser distribuído. Até o título ainda é provisório.

Simon Kimbangu foi criado com os princípios da Igreja Baptista. A 6 de Abril de 1921 apresentou o seu primeiro milagre na vila N'kamba, República Democrática do Congo, chamando a atenção da população e da potência colonial da altura que foi rápida a relacionar o movimento kimbanguista com outros grupos denominados "terroristas". E para todos havia a repressão. Kimbangu foi preso nesse mesmo ano, tendo permanecido na prisão 30 anos, até à sua morte, mais três anos do que Nelson Mandela, ponto que os kimbanguistas fazem sempre questão de sublinhar.

A igreja, contudo, ganhou força, tornando-se numa das maiores da RD Congo, Congo-Brazzaville e Angola, com milhões de fiéis, apesar de ser difícil medir o número preciso. O kimbanguismo também está presente, embora menos representado, em outros países do continente como Burundi, Costa do Marfim, Camarões e junto da comunidade africana na Europa – Portugal, França, Itália, entre outros.

Alguns conceitos são fundamentais para entender a igreja que serviu de apoio ao mandombe. Simão Kimbangu é o espírito santo e o enviado especial de Jesus Cristo na Terra. Em 1951, não morreu, reencarnou no seu neto, que recebeu o mesmo nome e actualmente é o líder espiritual da igreja, cargo que herdou do seu tio Joseph Diangienda e do pai, Salomon Dialunguna Kiangani.

Actualmente a igreja kimbanguista está numa fase de ruptura. Os primeiros líderes do kimbanguismo sucederam-se facilmente – filho, irmão -, mas com a morte de Salomon Dialungana Kiangani, os netos de Kimbangu não são três – número simbólico – mas 26. Simon Kimbangu, o neto do primeiro chefe espiritual, assumiu a liderança em 2002 mas não admitiu chefes-adjuntos, originando um conflito ideológico que divide a igreja nos seguidores do "3=1", sendo 1 igual a Simon Kimbangu, e nos seguidores do "26=1".

Isto levou à separação dos 26 primos que passaram a liderar igrejas diferentes, embora a principal dissidência seja a de Angola, cujo líder é Paul Kissolokele Kiangani, mas que, por razões desconhecidas, continua na RD Congo e envia instruções a Santos Diangani, reverendo máximo da igreja kimbanguista angolana.

Depois do kimbanguismo, do mandombe e de Wabeladio Payi, Ramón Sarró está agora a investigar as religiões proféticas do reino do Congo, em especial atenção às igrejas de Mbanza Congo.

Como está dividido o seu livro?

Começo por explicar como encontrei o Wabeladio Payi: foi num grande evento kimbanguista que ocorria na cidade santa de N'kamba. Fui porque tinha um convite de uns kimbanguistas de Portugal no dia em que eles fizeram a exumação e o segundo enterro da esposa do Simon Kimbangu, que morreu no ano 1959 e estava enterrada noutra aldeia. Foi um encontro impressionante, uma das experiências mais fortes da minha vida – ver milhares de pessoas cantando, mulheres a chorar, a lembrar Kimbangu e a esposa, o sofrimento. Foi lá que conheci o Wabeladio, apresentado por um amigo de Portugal e, a princípio, nem acreditava que era ele porque era muito novo – não sei porquê, pensava que era mais velho. Começámos a falar quando estávamos na sala de espera para sermos recebido pelo Simon Kimbangu. Era a primeira vez que ia a N'kamba e, por isso, tinha que ser recebido por ele. Falou-me da sua vida, da revelação e de como depois desenvolveu o alfabeto. Então resolvi fazer o livro com ele. Ele ficou muito contente. Fizemos o esquema do livro ali mesmo.

Mas chegou a fazer com Wabeladio Payi o percurso de peregrinação para a cidade sede do kimbanguismo, N'kamba?

Depois de estar na RD Congo, convidei-o a visitar Portugal. Ele deu duas aulas na universidade e deu duas aulas de mandombe na igreja kimbanguista de Loures [arredores de Lisboa]. Passámos anos a fazer sessões, quer em Portugal quer na RD Congo, e como a sua revelação teve muito a ver com a paisagem, porque foi na peregrinação que fez a N'kamba, quis fazer a viagem com ele. Fizemo-la duas vezes, em 2011 e 2012, de Mbanza Ngungu até N'kamba [cerca de 60 km]. No livro falo dessa experiência, das paisagens. Introduzo a personalidade do Wabeladio. Depois, começo com a biografia dele, que se inicia com a história do seu avô, também chamado Wabeladio, falando desse tema recorrente da reencarnação – apesar de ele nunca ter falado em reencarnação, estava implícito. As pessoas acreditavam que ele era a reencarnação do seu avô – nasceu numa aldeia minúscula na RD Congo e no ano de 1921, quando Kimbangu começou a fazer milagres, o avô do

Wabeladio foi à N'kamba para ver o que estava a acontecer, foi preso pelos belgas e relegado. Esta é uma temática muito importante do kimbanguismo, e também do tocoismo – o estado colonialista pegava nessas pessoas e mandava-as para diferentes pontos fazer trabalhos forçados ou, simplesmente, para ficarem longe das suas casas. Ao fazer isto, pensavam que estavam a desarticular o movimento mas, de facto, estavam a propagá-lo. É um paradoxo, até parece um bocadinho mentira que não se tivessem lembrado disso. Aconteceu com o kimbanguismo no Congo belga [actual RD Congo] e também com o tocoismo em Angola. Quando Kimbangu morreu, assassinado pelos colonialistas em 1951, o avô do Wabeladio voltou para a sua terra, teve uma filha, a mãe do Wabeladio. O segundo casamento dela foi com um homem católico, o passado kimbanguista da família ficou então esquecido, houve uma conversão massiva ao catolicismo e assim o Wabeladio nasceu em 1957, tendo sido educado de uma forma clássica católica.

A relação de Wabeladio com a criação do alfabeto parece estar muito ligada ao facto de não ter conseguido tirar fazer um estudo universitário.

Um dos seus tios era um padre católico muito importante no Congo. Ele era um rapaz que queria muito estudar, mas os tios não queriam que ele estudasse, queriam que fosse comerciante. No final, não conseguiu e isso foi sempre um ressentimento, a impossibilidade de fazer um curso universitário. Os tios não quiseram apoiá-lo. Durante os últimos anos da sua formação, teve de trabalhar para se auto-sustentar e para conseguir acabar os estudos em mecânica. Foi naquela altura que teve a revelação e começou a sonhar que Kimbangu o estava a chamar. Foi de Mbanza Ngungu para N'kamba em 1978, onde sofreu uma série de castigos, foi chamado de louco e depois conseguiu, finalmente, que a sua mãe aceitasse visitar o líder Joseph Diagienda, que praticamente construiu a igreja kimbanguista nos anos 1960. Foi Diagienda que disse que Kimbangu estava a preparar uma missão para a raça negra. A missão seria revelada ao Wabeladio, que se fechou no quarto para rezar durante oito meses. Durante as orações, de frente para um muro, Wabeladio viu nas linhas dos tijolos o "2 e 5". A partir daí começou a estudar aqueles símbolos e a elaborar o sistema gráfico, que depois levou para Kinshasa.

Mas os símbolos que criou continuaram a ser vistos como algo estranho. Como conseguiu que fossem reconhecidos?

Os artistas de Kinshasa ficaram bastante impressionados, deram-lhe apoio. Ele patenteou a sua invenção e depois começou a estudar cada vez mais as formas geométricas, os diferentes símbolos que ia elaborando a partir do grafismo inicial, "2 e 5". Em 1985 foi admitido na ordem dos inventores do Zaire, passando uns anos a explicar a sua invenção, a dar aulas, sempre com o apoio da igreja kimbanguista. Converteu-se àquela crença em 1988 e, nos anos 1990, finalmente, encontrou pessoas que quiseram criar com ele uma associação, o centro de estudos da escritura mandombe, formado em 1995. Entretanto, Joseph Diangienda morre e o seu sucessor, o seu irmão Salomon Dialunga Kiangani também resolve apoiar o mandombe de uma forma muito explícita. Criam escolas de mandombe, sobretudo na parte bakongo, no sul da RD Congo. Pouco a pouco começou a ser implementado em províncias da República do Congo, em Brazzaville, e no final dos anos 1990 o próprio Wabeladio foi para Luanda, onde passou sete meses a dar aulas e a treinar as pessoas que depois se tornaram as mais activas. Ele aproveitou a estrutura kimbanguista para divulgar o mandombe. Em Luanda, deixou um discípulo que se chama Lei [Gomes], na igreja do Golf, que, com a crise na igreja, ficou associada ao familiar de Kimbangu, Kissolokele Kiangani Paul. É uma situação um bocadinho trágica para o mandombe, porque em Luanda ficou mais forte neste grupo do que na igreja que tem a base em N'kamba, à qual o Wabeladio ficou associado.

Qual era a opinião do Wabeladio sobre a crise de sucessão na igreja kimbanguista?

A sua opinião é que era uma tragédia, ele tomou partido pela igreja de

N'kamba, que era a do seu avô, mas fez isso com muita pena, sobretudo porque a separação desarticulou muito o ensino do mandombe. Não havia comunicação possível. Estava a desenvolver novos avanços do mandombe mas não conseguia transmiti-los a todos.

Sede actual da Igreja Kimbanguista do Complexo do Golf, em Luanda - Angola

Os últimos avanços não chegavam a Angola mas o alfabeto continua a ser ensinado. De que forma o ensino do mandombe em Angola é diferente do que acontece no Congo-Brazzaville e na RD Congo?

O que provavelmente aconteceu é que não tiveram acesso a algumas modificações que o Wabeladio fez nos últimos anos. Fiquei admirado quando estive em Luanda, em 2007, na igreja do Golf, com o grande número de alunos. Muito organizados. O que acontece agora é que há uns centros de ensino ligados a um ramo da igreja e não encontramos o apoio das instituições seculares, laicas, do mandombe, assim como no Congo, quando o Wabeladio foi nomeado Doutor Honoris Causa foi um primeiro passo para o mandombe entrar no sistema universitário, isso em Angola não aconteceu. Falei com alguns angolanos e eles dizem que sim, que há uns acordos com o Ministério da Cultura, da Educação, mas são acordos muito superficiais, não tenho visto nenhum tipo de acção pró-mandombe por parte das instituições laicas angolanas.

Agora África tem uma escrita própria

Esteve também a fazer uma investigação no território angolano. O que descobriu sobre o mandombe?

Eu já tinha ouvido falar no mandombe e tinha lido coisas na Internet, mas a minha introdução ao mandombe foi através de Bitombokele Lei Gomes Lunguani. Os kimbanguistas de Lisboa tinham-me falado, mas antes de ir ao Congo fui a Angola. Então o Lei ofereceu-nos uma palestra sobre o Wabeladio; fiquei impressionado. Tenho uma fotografia do Lei a escrever o nome de Deus em diferentes escrituras, inclusive em mandombe. Agora África entra no domínio da civilização porque tem uma escrita própria. Já não tem que recorrer ao que ele denominava "colonialismo linguístico" na palestra. Apercebi-me naquele momento da importância de encontrar uma plataforma de diálogo para os africanos, uma plataforma para poder falar com o outro de igual para igual. Isso despertou a minha curiosidade. As atitudes do Wabeladio são um bocadinho menos radicais, ele não fala em "colonialismo linguístico", apesar de ter inventado o mandombe. Para ele, escrever em língua africana ou latina não tem qualquer tipo de problema. Para compreender a recepção do mandombe no povo, essa palestra foi muito importante. Ley falava muito desse sentimento popular.

A palestra deixou-o impressionado, mas e o público? Quais as características das pessoas interessadas em saber mais sobre o mandombe?

Lembro-me da sala com umas 80 pessoas, homens e mulheres, a questão do género também é importante porque as mulheres sentem-se muito atraídas. Fez-me pensar muito. Na Europa, temos uma visão de juventude africana, sobretudo urbana, um bocadinho negativa, uma juventude que vive sem esperança, sem querer construir nada, com muita dificuldade até para sobreviver no dia-a-dia. E, depois, há também a visão de que os africanos estão muito ocidentalizados, desenraizados de sua cultura, fascinados pela música ocidental. Encontrar aquela quantidade de jovens que queriam aprender uma escrita africana e encontrar as suas raízes foi um bom contraponto. Até conhecer o Wabeladio passar-se-iam dois anos, mas fiquei muito impressionado.

O livro tem aquela parte biográfica do Wabeladio, que começa com o nascimento do avô, e como continua?

Depois da parte biográfica, o meu livro acaba com a morte trágica do Wabeladio. É um final trágico mas ao mesmo tempo é um final feliz porque é nomeado Doutor Honoris Causa. Após todo o sofrimento na juventude, o ressentimento por não ter tido estudos, finalmente torna-se professor e consegue ter interlocutores no mundo académico. Na biografia, insisto muito na capacidade que ele tem de fabricar-se a si próprio. É uma biografia histórica na qual tento também contextualizar o nascimento do mandombe e todos aqueles discursos sobre a autenticidade africana, o "reino" de Mobutu Sese Seko, do Zaire, nos anos 1970 e 1980, e depois a recontextualização do mandombe nos anos 1990. Quando o "reino" de Mobutu acaba, o Congo entra numa outra fase política, tudo isso é a parte histórica do livro. A partir de uma biografia de um indivíduo, faço a biografia de uma parte importante do continente, e também insisto no valor biográfico da cultura africana.

Provavelmente, a cultura africana é vista de uma forma muito anónima, é muito colectiva. Você vai a um museu de arte africana tradicional e o nome do artista não aparece, o que aparece é o nome da etnia ou da tribo, arte luba, arte congo, arte fenufo. O indivíduo criador não está problematizado nos estudos de arte africana, a inovação cultural em África está mal estudada. Isso é um ponto que também estou a desenvolver para justificar a importância de reconhecer como uma pessoa chegou a uma invenção como esta.

A segunda parte do livro são os capítulos nos quais explico como funciona o mandombe. Os princípios de simetria, os princípios de rotação dos símbolos fundamentais do mandombe. Como o Wabeladio criou uma geometria de três dimensões muito sofisticada para uma pessoa com estudos limitados, mas com uma inteligência desenvolvida consegue criar uma colecção de símbolos muito sofisticada, qualquer matemático fica perplexo quando ouve falar disso e também explico como ele próprio faz o esforço para enraizar essa invenção na cultura congolesa, quando decide baptizar os dois símbolos como pakundugu e pelekete para ajudar as pessoas a perceber que aquilo tem a ver com a cultura congolesa e também ganhar mais adeptos. Não é só aritmética, não é só geometria, é também cultura.

Além da importância que tem como escrita, o mandombe tem importância cultural?

Até no próprio nome. Nos documentos que escreveu nos anos 1980, muito interessantes, falava em escritura imbricada [interligada] mas, depois, em 1993 ou 1994, rebaptiza o alfabeto como mandombe, que é uma palavra kikongo. Ele cria os conceitos de pakundungu e pelekete, que vai procurar numa música tradicional do Congo. Os centros de ensino do mandombe também mudam o nome e já não são centros de ensino e passam a ser nsanda. Na cultura congolesa, nsanda é uma árvore sagrada, a mulemba, que existe em todas as aldeias, e é a árvore em que todos os chefes se reúnem e tomam decisões importantes, fazem justiça; tem um valor simbólico muito evidente.

Não só isso. Qualquer elemento da escritura, todos os nomes técnicos, as cinco posições que podem ter um símbolo mandombe são os cinco dias da semana tradicional. Na cultura congolesa, a semana não tinha sete dias, isso foi uma introdução ocidental. O Wabeladio utilizou esses cinco dias para se referir às cinco posições da rotação do símbolo mandombe. As vogais também receberam nomes congoleses. O indivíduo que está a estudar a escritura mandombe, está ao mesmo tempo a estudar a cultura congolesa. Uma coisa reforça a outra. É por isso que o mandombe deve ver-se como um movimento de revitalização cultural, como um movimento em que as pessoas devem sentir-se orgulhosos. Ou seja, tem a ver com identidade.
Sobretudo identidade. Aliás, um dos slogans do alfabeto é "mandombe é a minha identidade". Eu conheci pessoas com mais de 60 anos que não sabiam ler em língua francesa ou em qualquer outro alfabeto latino mas que conseguiam ler e escrever mandombe. Pessoas que provavelmente passaram a vida com um certo ressentimento por essa introdução tecnológica que é a escrita, mas que ficaram fascinados quando ouviram dizer que Deus tinha enviado um alfabeto a um rapaz.

"O mandombe está baseado na geometria descritiva"

O alfabeto mandombe é para alguns pintores e artistas plásticos uma base para as suas obras. O Wabeladio Payi também pensava nos códigos desta forma? Quais eram os objectivos dele?

O mandombe está baseado na geometria descritiva, isto é, geometria em três dimensões. Há dois símbolos fundamentais, pakundungu e pelekete, que dão origem a símbolos mais complexos. Poderíamos dizer que é uma geometria fractal, na medida em que de um símbolo muito pequeno vamos a um muito maior seguindo uma lógica geométrica. Os símbolos que aparecem podem ter atributos fonéticos e, por isso, dizemos que o mandombe é um alfabeto. Em rigor, devíamos dizer um silabário, porque os símbolos só têm valor quando estão agrupados em sílabas. Um símbolo é "PA", outro é "BA" ou "MKE", etc. Mas também podemos dizer que é um alfabeto, porque dentro de cada sílaba é fácil dizer qual é a consoante e qual é a vogal. A cada som corresponde um símbolo preciso e vice-versa, como nos alfabetos fonográficos.

Wabeladio Payi encontra o desenho de Paracleto, a partir dos símbolos mandombe, na fachada de uma casa. Paracleto é, para os kimbanguistas, o consolador.

Mas os símbolos também podem gerar formas não sonoras, puramente gráficas, a partir das quais se cria uma arte, uma série de formas belas, esteticamente agradáveis, porque estão baseadas nos princípios da simetria e da rotação, princípios gerais do mandombe que permitem gerar símbolos complexos a partir dos fundamentais. Isto levanta questões teóricas muito importantes para a estética. O próprio Wabeladio é autor de textos sobre arte e os seus princípios geométricos, de uma profundidade equiparável à dos textos de Paul Klee, Wassily Kandinsky ou até Paul Valéry.

Um pintor mandombe muito conceituado de Luanda é o Rubain Watulunda. Sei que há outros, mas não tenho os nomes deles. Wabeladio não era artista, porque faltava-lhe a intuição, mas podia orientá-los para avançar no caminho da geometria.

Como os símbolos são gerados a partir do princípio da rotação, é fácil imaginá-los em três dimensões, portanto, o salto da bidimensionalidade à tridimensionalidade é bastante lógico. Há arquitectos que começam a interessar-se pelo mandombe. Em Kinshasa, vi desenhos de casas muito originais feitos seguindo a lógica do alfabeto e, em Luanda, mostraram-me uma invenção muito original: um tijolo de cimento construído sobre a base dos princípios geométricos do mandombe. O próprio Wabeladio desenhou um edifício. Não me surpreenderia nada ver edifícios mandombe no futuro. O Wabeladio, que era um grande visionário e sempre pensava em como ajudar a criar uma sociedade melhor, até imaginou uma aldeia inteira baseada nos princípios do mandombe.

Falando ainda desta questão relacionada com a africanidade e identidade, o mandombe está representado também em produtos que são comercializados, por exemplo em t-shirts.

Isso é muito típico das culturas religiosas em geral. Neste caso, o Wabeladio era um paradoxo porque não quis ser comerciante, os seus tios queriam que fosse, mas sempre viveu do comércio. O próprio mandombe foi objecto de comércio para ele. Ganhou dinheiro com isso. Nunca foi uma pessoa rica mas também não foi paupérrimo porque, sobretudo nos anos 1990 quando começou a criar o centro e a dar palestras, Wabeladio ia a uma cidade ou aldeia do Congo com 300 manuais de aprendizagem do mandombe e vendia-os todos. Aliás, quanto mais levava, mais vendia. A venda de camisolas, fotografias e objectos nasceu da mentalidade do Wabeladio, que era muito bom vendedor e passou muitos anos a fazer comércio, sobretudo o manual, as t-shirts são uma coisa mais recente. Mas também chapéus, fotografias dele com o fato de Doutor Honoris Causa, na cerimónia de nomeação.

Ele tem outras invenções, além do mandombe. Era uma pessoa com uma grande capacidade. Inventou um sistema para fazer o censo de toda cidade de Kinshasa e esteve muito perto de vender aquilo ao governo. Inventou um jogo de cartas muito engraçado com base no próprio mandombe, nas cartas estão os símbolos do alfabeto. Inventou medicamentos, muito simples, para a dor de dentes, a dor de cabeça. Por exemplo, via que as mulheres gostam muito de comer caulim (tipo de rocha muito consumida para curar dores de estômago) e andavam sempre com pedras que estavam sujas. Então pensou que isso poderia trazer mais doenças do que curar. Ele e a mulher passaram a comprar pedras de caulim, lavavam o pó, juntavam-lhe açúcar e vendiam nuns envelopes com símbolos mandombe. A casa dele estava sempre cheias de mulheres que iam comprar o envelope. Acho que pensavam que como vinha do Wabeladio deveria ter alguns poderes. Ele sabia que o que realmente as atraía era o açúcar. O efeito é o mesmo de comer o caulim que apanham na estrada, mas elas sabiam que ele o havia lavado e misturado açúcar.

"Os africanos agora podem ter a sua própria escrita, não é colonial, é dada por Deus"

Já está quase a acabar o livro. O que é que falta?

Falta a introdução na qual estou a colocar o tema da civilização, a lembrar que em África houve mais escrituras, alfabetos pré-coloniais e coloniais. Havia uma familiaridade do africano com a técnica de escrever significados, nas pedras, árvores, papéis. Mas isso foi esquecido pela prepotência ocidental de pensar que a tecnologia que conta é a que introduzimos. Estou a apostar numa tentativa de correcção, precisamente a tentar compreender porque para muitos africanos o mandombe está a corrigir este erro. Os africanos agora podem ter a sua própria escrita, não é colonial, é dada por Deus. Estou a tentar contextualizar para não ser acusado depois de dizer que o Wabeladio é um caso único. Acho que ele é um caso único pela sua personalidade, inteligência. E estou a escrever, mais ou menos ao mesmo tempo, a conclusão em que traço uma série e incisões teóricas sobre a criatividade, a imaginação e sobre a temática da ruptura. O facto de o Wabeladio querer romper com os seus tios, motivou-me muito a pensar na dinâmica que existe em todas as culturas sobre a transmissão dos valores, do sentimento de comunidade; aí estou a dialogar com vários estudos sobre a cultura africana, sobre se a antropologia é o estudo da continuidade, da criatividade.

O Wabeladio Payi viveu sempre em conflito entre a invenção e a revelação. Pode explicar?

Isso é um dos aspectos que aparecem com mais força na sua biografia. Se o Wabeladio estivesse aqui, ele se apresentaria como inventor, nem sequer pai do mandombe. Mas também insistia muito que o mandombe tinha uma base de revelação. Foi Deus que disse que tinha de estudar os símbolos que viu no muro de tijolos. A questão é que quando conheci o Wabeladio, em 2009, os kimbanguistas que estavam comigo falavam muito mal dele, diziam que era arrogante, que só pensava em falar de si próprio como inventor, mas ele não teria inventado nada, Deus é que enviou. A argumentação foi um pouco forte. Em várias ocasiões, o público acusou-o do contrário. Por que falava de Deus se isso não tinha nada a ver, se aquela era a sua visão matemática? Ele sempre tentou estar nos dois lados. Queria satisfazer aqueles que viam a sua inteligência e os que viam o lado da revelação. Nas suas próprias palestras, fazia questão de dizer que as duas coisas não estavam separadas. O público, no entanto, nunca estava convencido. Aliás, num documento que escreveu para ser admitido na Associação de Inventores do Zaire, em 1985, apresenta o mandombe sem falar de revelação. O que faz sentido porque o estava a apresentar naquele contexto. Para outros públicos faria o contrário.

Fiquei impressionado quando vi um rapaz congolês fazer uma palestra sobre a informatização do mandombe e, com o Wabeladio na sala, nem sequer o reconheceu. Falou do mandombe como uma escritura que Deus havia dado aos africanos através de um homem, mas minimizou completamente o Wabeladio. Aproveitou a ocasião para dizer que tinha informatizado aquilo. O Wabeladio ficou muito perturbado, aliás, nunca esteve de acordo com a informatização do mandombe porque, se por um lado, reconhecia que era necessário, sabia que isso lhe iria retirar capacidade de acção sobre o mandombe. Dizia-me que ainda estava a receber sonhos.

Sede actual da Igreja Kimbanguista do Complexo do Golfo, em Luanda - Angola

Agora que o Wabeladio Payi já não está vivo parece que o futuro do mandombe é incerto. O que poderá acontecer agora?

Essa é a pergunta de um milhão de dólares. Ou seja, não tem resposta. No livro, eu evito essa pergunta. O mandombe tem pernas para andar porque é uma escritura. Tem um sistema, não precisa do inventor. Ele poderia fazer algumas modificações e, de facto, antes de morrer, fez algumas muito importantes, sobretudo na simplificação dos símbolos. Deixou uma coisa já muito bem estruturada e deixou uma série de alunos brilhantes que vão continuar o ensino. Há é um problema institucional aí. Há vários actores que estão em jogo agora.

Por uma parte, a igreja kimbanguista, para quem o mandombe é um bem muito apreciado – Kimbangu ofereceu-o a um indivíduo para o benefício da raça negra e, eventualmente, da humanidade. A igreja vai querer manter o seu copyright, digamos, o seu direito sobre este produto.

Por outro lado, está o Centre de l'Écriture Négro-Africaine (CENA) que o Wabeladio criou. O CENA nasce ao mesmo tempo que o Salomon Dialunguna anuncia publicamente que vai dar apoio ao mandombe, mas, de facto, o centro nasce de forma independente. Isso no livro explico bem porque é importante para perceber o presente e o futuro. O Wabeladio tinha a sua própria dinâmica, não tinha muitos apoios de ninguém, inscreveu o centro na UNESCO, depois inscreveu-o no Ministério de Ciência e Tecnologia como um centro de investigação independente. Nunca recebeu fundos do governo. Tem uma certa dinâmica própria, não necessariamente religiosa. Realizam cursos num espaço secular e laico.

Depois o Wabeladio recebe apoio explícito da igreja e ele próprio é contratado para dar aulas na Universidade de Simon Kimbangu, que é obviamente ligada à igreja. Ele consegue manter tudo unido em torno de si mas quando morre temos aqui três actores muito diferentes: o CENA, a igreja kimbanguista e, ainda, a universidade, porque foi contratado pela Universidade de Kinshasa, que não é nem pouco ou mais ou menos kimbanguista, pertence ao espaço público laico.

São três actores que eu não sei muito bem como se vão reunir e falta um agente de diálogo. O Wabeladio podia bater às portas dos três e organizar uma reunião. Mas, agora, quem vai poder fazer isso não sei. A informação é que, neste momento, quem está com o controlo é a igreja, que, para já, diz aos homens do centro que têm de passar por eles para organizar cursos ou outras coisas e será a igreja depois a dialogar com a Universidade de Kinshasa sobre o que vão fazer para continuar com o ensino no mundo académico.

Quem tem a última palavra é o povo. Apesar do desaparecimento de uma pessoa tão carismática como o Wabeladio, esse conceito para mim é fundamental, o que eu quero ver é se há uma demanda do povo. Se ninguém quiser estudar o mandombe, não haverá o que fazer. Eu não sei, sinceramente, qual vai ser o futuro. Estou um bocadinho na expectativa e, também por isso, no livro prefiro não me pronunciar.

Quando terminar o livro sobre o mandombe vai regressar a Angola para continuar a investigação sobre as religiões?

Em Maio regresso a Mbanza Congo para continuar mais três meses. O que eu quero é conectar essas religiões, ver como todas falam de um passado interligado e têm uma perspectiva de futuro mais ou menos comum. Falar de todo esse messianismo do Congo.

Ramon Sarró é professor de Antropologia Social de África. Antes de ingressar na Universidade de Oxford foi investigador do Instituto de Ciências Sociais da Universidade de Lisboa (2002-2012). Estudou Filosofia em Barcelona e Antropologia Social no Reino Unido, concluindo o doutoramento em iconoclastia, política e religião entre Baga (Guiné-Conacri) e a Universidade de Londres (1999), sob a supervisão de Philip Burnham e Barrie Sharpe. Em 2009, publicou uma tese sobre a política da mudança religiosa na costa da Guiné, que foi co-vencedora do prémio Amaury Talbot do Instituto Real Antropológico do Reino Unido e da Irlanda.

Desde 1992, Sarró realiza um trabalho sobre os movimentos proféticos na África Ocidental (Guiné-Conacri e Guiné-Bissau), África Central (Congo e Angola) e Europa (Portugal), com foco na diáspora da igreja kimbanguista. Entre 2007 e 2010, dirigiu o projecto "Reconhecendo o Cristianismo: Como cristãos africanos redefinem o património religioso europeu" e está actualmente à frente de dois projectos de pesquisa sobre religião em África: um na Guiné-Bissau e outro em Angola, ambos financiados pela Fundação para a Ciência e Tecnologia portuguesa.

Sede actual da Igreja Kimbanguista do Complexo do Golfo, em Luanda - Angola

DEPOIMENTO:

Em particular, eu Celso Salles, gostaria de reverenciar o Antropólogo Ramon Sarró, por sua resposta na página 59 deste livro, quando disse que saber o futuro do Mandombe seria equivalente a 1 milhão de dólares. No mesmo ano em que Ramon respondia a esta pergunta eu recebia a visita de Bitombokele Lei Gomes Lunguani no Brasil, registrada na página 91 do livro CELSO SALLES - Autobiografia em Preto e Branco, quando tomei conhecimento da existência de Papá Simon Kimbangu, trazendo respostas a inúmeras perguntas que me fiz ao longo de minha existência. O título deste livro onde menciono UM GRANDE CHAMADO, tem tudo a ver com o momento em que Papá Simon Kimbangu, mesmo o Mandombe entram em nossas vidas. Não tenho dúvida que cada um de nós tem uma grande missão. Vejo nitidamente as inspirações que me foram sendo dadas, como por exemplo a escritura da Coleção África, onde neste oitavo livro da Coleção posso estar cumprindo com minha missão de DIVULGADOR (**MFUMUA N´SANDA**). A ideia de que Deus não escolhe os capacitados, mas capacita os escolhidos, é muito forte em todo o circuito Kimbangu. No meu caso, em particular, posso garantir ao leitor que minha preparação começou já no ventre de minha mãe (Leia em detalhes no livro CELSO SALLES - Autobiografia em preto e branco). Também reforço o que já mencionei neste livro que, através do MANDOMBE e de novas inspirações/revelações de Papá Simon Kimbangu a humanidade terá muitas evoluções. Tudo o que tenho a oportunidade de conhecer no universo MANDOMBE, procuro com grande velocidade estudar e evoluir os meus pensamentos. Sei que aos poucos, tanto as obras de Kimbangu, quanto o MANDOMBE irão ganhar o mundo. Em todos os livros que tenho escrito deixo sempre uma mesma mensagem que é a EVOLUÇÃO DA HUMANIDADE rumo a um mundo melhor para todos. Fim da Pobreza. Fome Zero. Dentro da perspectiva Kimbangu, volto a dizer que, com a mudança do foco egoísta da humanidade, nossos cientistas receberão ainda mais revelações, inimagináveis para os dias de hoje, porém óbvias para os séculos vindouros.

Celso Salles
MFUMUA N´SANDA

mandombeuniversity.online

PT: https://youtu.be/hqV288vqnwY
FR: https://youtu.be/KEzg9ehhYT0

11

ESTUDE ONLINE:
http://bit.ly/mandombeworld

A FASE DO CHAMAMENTO OU VOCAÇÃO

A PEREGRINAÇÃO CLANDESTINA DE WABELADIO

De:
Kinshasa, República Democrática do Kongo
Latitude: -4.320836 -4° 19' 15.010" N
Longitude: 15.29866 15° 17' 55.176" E
Fuso: (Africa/Kinshasa)

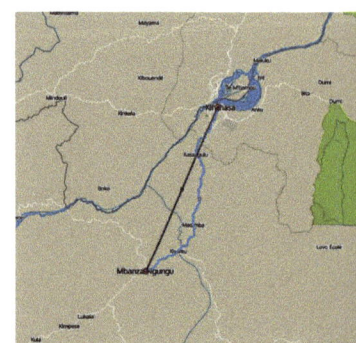

Para:
Mbanza-Ngungu, Kongo-Central, República Democrática do Kongo

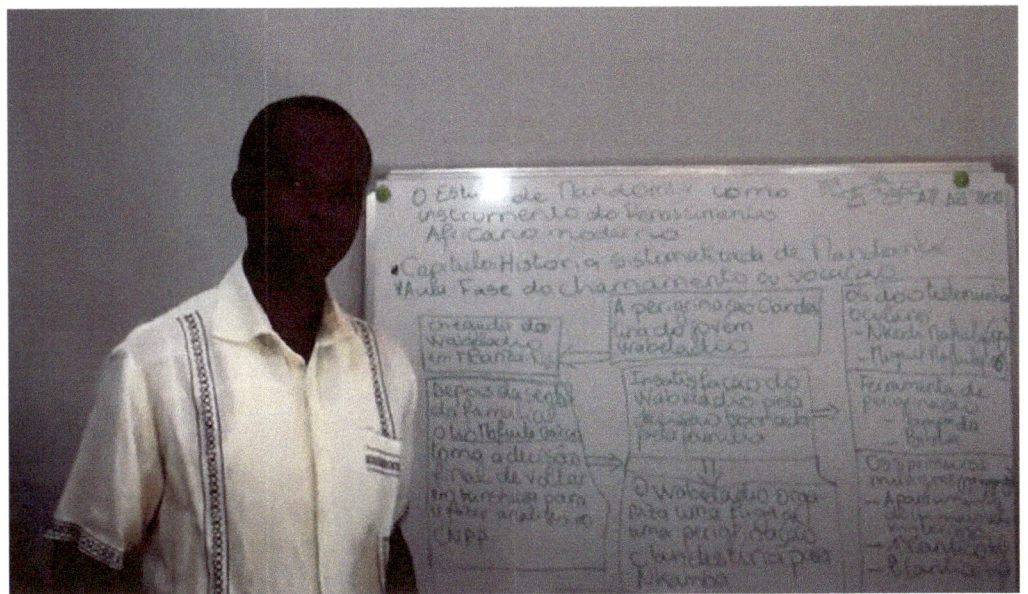

Latitude: -5.252099 -5° 15' 7.556"
Longitude: 14.86913 14° 52' 8.868"
Fuso: (Africa/Kinshasa)

A Comitiva de Kinshasa ao chegar em Mbanza-Ngungu foi ter com Mafuila Garcia, tio do Wabeladio irmão mais velho da mãe de Wabeladio Era um grande comerciante na época muito influente, com muitos recursos ele que apoiava toda família todos os estudos de Wabeladio o que ele falava tinha poder na família. O tio Mafuila Garcia queria saber então o que estava a acontecer. Wabelário começou então a narrar toda a história. A voz que ele escutava, a orientação que ele tinha recebido. Ir para Nkamba, orar... O Tio percebeu que eram situações que ultrapassavam o entendimento humano. Ele então disse: mas nós somos católicos isso não tem nada a ver com o nosso perfil espiritual, isso por se tratar de Nkamba. Foi quando o tio disse que Wabeládio sofria então de malária cerebral. Recomendou que voltassem a Kinshasa para que Wabeladio tivesse atendimento médico.

Foi quando Wabeladio resolveu fazer uma peregrinação clandestina e convidou dois de seus primos: Nkodi Mwafila com 17 anos de idade, um dos filhos do tio Mwafila Garcia e Miguel Mwafila com 16 anos, irmão de Nkodi. Convenceu os dois a lhe acompanhar, dizendo que Nkamba não

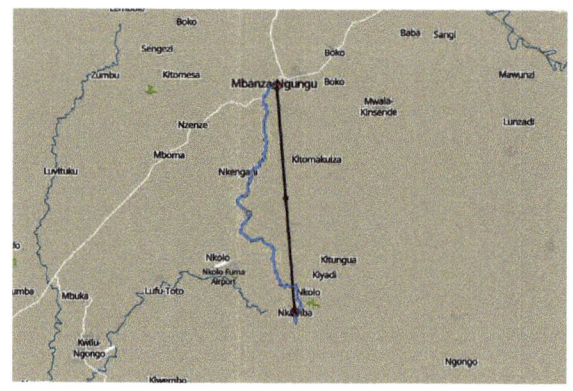

era distante. Levaram apenas uma lanterna e a bíblia. Foi quando chegaram na montanha Ngongo. Na base da montanha tem um pequeno riacho onde beberam água e, enquanto estavam a descansar vai acontecer o primeiro milagre. Vinha um mais velho que saia de uma mata fechada para chegar até a estrada principal. Wabeladio percebeu que não era normal, um mais velho sair daquela mata fechada. Foi quando o mais velho disse: não se preocupem, eu estarei lá onde é o vosso destino. E ao continuar sua peregrinação Wabeladio ouvia vozes como anjos do céu. Olhou para traz e o mais velho tinha desaparecido. O primeiro hino que Wabeladio ouviu era um hino kimbanguista conhecido, porém Wabeládio naquela altura não tinha nenhum conhecimento do Kimbanguismo. Não tinha nenhuma cultura kimbanguista. O hino que Wabeladio escutara dizia: Aleluia, aleluia ao Santo dos Santos. Não fique entristecido. Aleluia, aleluia ao Santo dos Santos. Era uma mensagem de consolação, que dava coragem a Wabeladio para continuar sua peregrinação. Foi uma assistência espiritual. O mais velho que encontrou era de fato Simon Kimbangu que se manifestou a eles. Os hinos lhe acompanharam até quando chegaram em uma das aldeias onde vão viver outras histórias. Os primos não ouviam os hinos. O segundo hino dizia: Aleluia, a glória de Deus vai se manifestar agora. Hinos em Kikongo. A família em Mbanza-Ngungu, naquela altura estavam preocupados com o desaparecimento de Wabelaio e seus primos. Imaginavam que pudessem estar brincando em algum canto. Não tinham noção da peregrinação de Wabeladio e seus primos.

mandombeuniversity.online

PT: https://youtu.be/FD-kZwQ5uPk
FR: https://youtu.be/Zca08k76YsM

12

ESTUDE ONLINE:
http://bit.ly/mandombeworld

A CHEGADA NA ALDEIA DE KIMONGO

Em torno de 18 horas, já cansados, Wabeladio toma a decisão de fazer uma oração. O primo mais novo ao invés de orar, começou a ver a natureza em volta e foi quando teve uma visão de muitas estrelas aglutinadas. Interrompeu a oração de Wabeladio que disse: Deus ouviu nossas preces. Vamos continuar, já que haviam luzes.

Quando chegaram na aldeia de Lumueno, bateram na primeira porta. Foram recebidos por uma pessoa conhecida, pois trabalhava para o tio Mafuila Garcia que lhes deu uma recepção calorosa com comidas, bebidas e um espaço para eles dormirem. Bem mais a noite, começaram a ouvir vozes tidas como malígnas do lado de fora do anexo onde se encontravam e resolveram partir.

Alguns metros depois de sairem das aldeias, Wabeladio sentia a terra estremecer como se fosse um terremoto. Começou a gritar que a terra estava a estremecer. Os primos não estavam a sentir nada. A um determinado momento Wabeladio ficou colado no chão. Não conseguia mais caminhar. Os primos tentavam lhe descolar da terra mas não era possível. Foi quando caiu uma grande chuva e ficaram todos muito molhados.

Wabeladio ficou colado no chão durante mais de 4 horas. Até as 6 horas da manhã quando tentou tirar os pés do chão e não haviam mais resistências. A lâmpada que haviam levado com eles também ficou colada no chão.

Resolveram então interromper a peregrinação e retornarem a Mbanza-Ngungu, porém quando novamente passaram pela aldeia de Lumueno, os moradores locais perceberam que aqueles jovens eram pessoas especiais e os levaram até ao pastor kimbanguista que lhes acolheu. Em seguida a esposa do pastor teve sérios problemas com a presença de Wabeladio, pela presença espiritual de Simon Kimbangu em Wabeladio que chocava com as forças malignas presentes na esposa. Finalmente, juntamente com uma comitiva kimbanguista da Aldeia, foram para Nkamba.

Já em Nkamba, Wabeladio teve novas visões que os kimbanguistas locais identificaram ser mesmo Simon Kimbangu quem havia lhe trazido e recomendaram que Wabeladio cumprisse com o que havia lhe sido pedido por Simon Kimbangu.

Toda esta história com uma maior riqueza de detalhes é contada por Bitombokele nos vídeos em português e francês desta aula 12.

mandombeuniversity.online

PT: https://youtu.be/j14D4L8Dwlk
FR: https://youtu.be/snTUcpp_IAE

13

ESTUDE ONLINE:
http://bit.ly/mandombeworld

A REVELAÇÃO

Após Wabeladio ter ido a Nkamba, tomado banho nas águas de Nkamba, feito a oração para receber a missão que lhe seria confiada, a familia ter se espalhado por todo o baixo congo à procura dos três jovens desaparecidos, acabou sendo levado por sua mãe para a sua terra natal Ngombe Lutete e em seguida seguirem para Mbanza-Ngungu.

Nesta altura, o tio Mafuila Garcia, estava bem furioso e foi aí que Wabeladio passou a viver grandes tormentos.

Primeiro foi levado a um kimbandeiro (entidade em áfrica que se diz ter poderes para detectar feiticeiros ou quem pegou feitiço).

Depois do kimbandeiro quase matar Wabeladio de tanto lhe bater, desistiu. Em seguida Wabeladio foi levado ao centro métido, fez todos os exames e nada foi detectado de anormal em Wabeladio.

Finalmente Wabeladio foi encaminhado a Igreja Kimbanguista onde acabou tendo contacto com o chefe Espiritual e Representante Legal da Igreja Kimbanguista na época, Sua Eminência Diangienda Joseph, no Centro de Acolhimento de Kinshasa.

Tão logo Wabeladio terminou de contar toda a história à Sua Eminência Diangienda Joseph, Ele mandou chamar um pastor e pediu para ele ouvir os hinos que Wabeladio ouviu durante a peregrinação. O pastor ouviu e disse: São Hinos da Promessa.

Sua Eminência Diangienda Joseph ainda lhe explicou que, o fato de ter ficado 4 horas grudado no chão significava que o seu pai Simon Kimbangu iria lhe confiar uma missão para cumprir nessa terra e que nenhum ser humano deste mundo poderia lhe dizer qual seria a sua missão. Ele, Wabeladio, teria que orar muito e se concentrar para que assim pudesse receber as revelações de Simon Kimangu.

Foram 8 meses de oração e jejum.

Depois deste período Wabeladio sentiu uma grande força lhe estremecer. Foi quando o seu sentido de observação foi elevado a um grau mais elevado. Foi quando começou a ver algo extraordinário no muro de sua casa que ainda não estava rebocado. Mais propriamente dito, no MURO DE BLOCOS. Viu o que todos nós não conseguíamos ver. Viu que as linhas horizontais e verticais, formadas pela sobreposição dos blocos, são a combinação de dois elementos geométricos, que se assemelham aos algarítmos 5 e 2. Saiu depois de 8 meses para observar o MURO DE BLOCOS das outras casas. Constatou que era a mesma realidade em todos os muros de blocos. Chegou a conclusão que a realidade do muro de blocos era universal. Contou sua revelação, mas ninguém sentia nada de espetacular no que dizia. À noite Wabeladio teve um sonho, onde uma mosca desenhou em todo o seu corpo os algarismos 5 e 2. Os dois elementos ficaram gravados na mente dele.

E ainda na mesma noite em sonho, Simon Kimbangu lhe aparece e mostra um certificado com o título:

CERTIFICADO DE ATIVIDADE MATERIAL

com os dizeres:

COM BASE NOS DOIS ELEMENTOS QUE OBSERVOU NO MURO DE BLOCOS, O NEGRO FARÁ TUDO O QUE ELE QUISER NA ATIVIDADE MATERIAL.

À partir daquele momento, Wabeladio se lançou na investigação, na pesquisa, durante 17 anos, que foi o tempo em que concebeu um sistema de pensamento que estaremos vendo com maiores detalhes nas aulas seguintes.

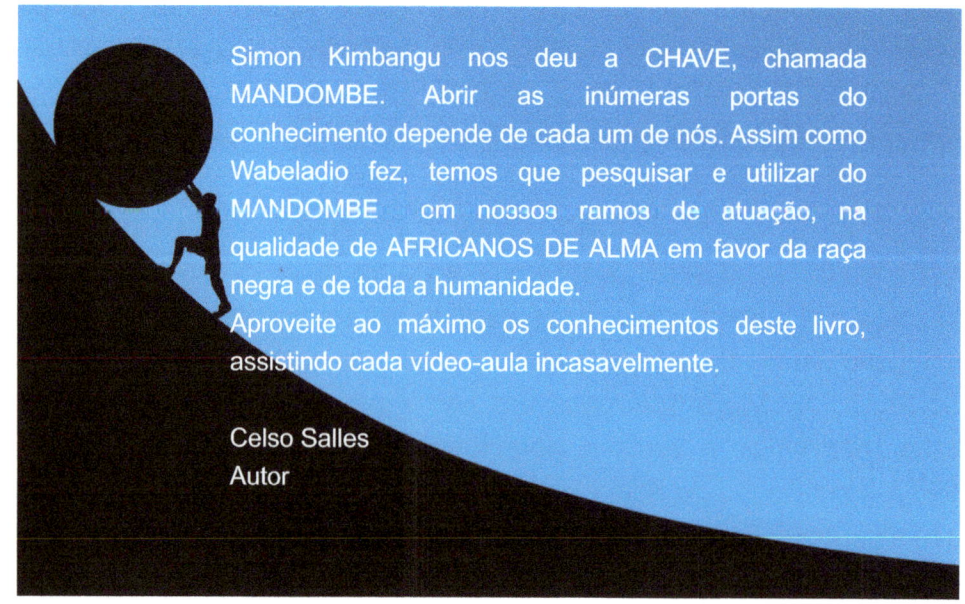

Simon Kimbangu nos deu a CHAVE, chamada MANDOMBE. Abrir as inúmeras portas do conhecimento depende de cada um de nós. Assim como Wabeladio fez, temos que pesquisar e utilizar do MANDOMBE em nossos ramos de atuação, na qualidade de AFRICANOS DE ALMA em favor da raça negra e de toda a humanidade.
Aproveite ao máximo os conhecimentos deste livro, assistindo cada vídeo-aula incasavelmente.

Celso Salles
Autor

mandombeuniversity.online

14

ESTUDE ONLINE:
http://bit.ly/mandombeworld

ESTUDO DO MURO DE BLOCOS

PERSPECTIVA EGIPTOLÓGICA

O MURO DE BLOCOS é o elemento base de funcionamento da estrutura organizacional que nós estamos a chamar de ESPISTEMOLOGIA MANDOMBE.
Vamos iniciar pela análise de diferentes tipos de muros de blocos.

PERSPECTIVAS. A maneira de ver. A maneira de pensar.

Distinguimos 3 perspectivas de muros de blocos:

1) Egiptológica;
2) Geométrica;
3) Mandombe

1) Perspectiva Egiptológica.

É o conjunto de todos os métodos, todas as metodologias, todos os procedimentos de produção e aquisição de conhecimentos que os antigos egípcios implementaram para poderem desenvolver a tecnologia de construção civil. E essa tecnologia de construção civil que eles legaram a humanidade, serviu hoje em dia como procedimento de elevação de muros de blocos que os nossos pedreiros (profissionais da construção civil) tem feito. Isso tem uma lógica. Porque os blocos se formam sempre da mesma maneira e em todas as construções. Essa é a parte que vamos descobrir, pois isso vem da tradição do antigo Egito, que nesse preciso momento ainda tem símbolos geométricos, símbolos da engenharia da construção de nossos antepassados egípcios. As tão conhecidas pirâmides.

As pirâmides são os símbolos da inteligibilidade da epistemologia dos antigos egípcios. E esse sistema era tão sofisticado e ainda é até neste preciso momento, que deixou obras gigantescas que causam admiração da humanidade, em principal do mundo científico, da engenharia em geral. Há muitos anos uma das maiores fontes de recursos do Egito é o turismo. Muitos se perguntam como é que os egípcios conseguiram erguer as pirâmides com as tecnologias daquela época.

A lógica epistemológica do muro de blocos na perspectiva egiptológica, consiste em sobrepor blocos gigantescos. Cada bloco pesava em média de 10 a 20 toneladas e eram transportados em distâncias enormes da área de produção até a obra.

É o caso da Pirâmide de Gizeh. Ela foi construida em 20 anos. Foram utilizadas 2 milhões de pedras em sua construção. Cada obra utilizava em torno de 100 mil trabalhadores em um período de 20 anos.

Podemos constatar que todas as linhas verticais estão na mesma

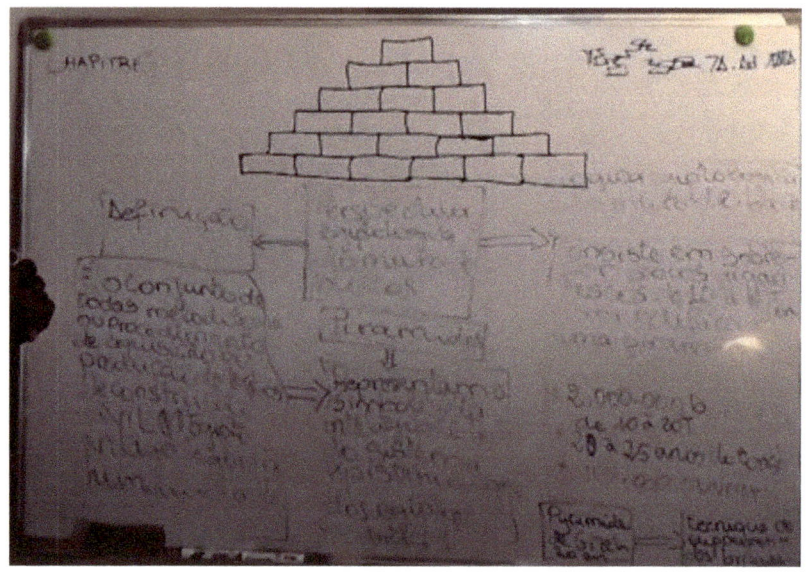

direção. No meio do bloco é onde se encontra o centro de gravidade do bloco. Essa realidade

representa o segredo da resistência do muro de bloco. Na lógica do MANDOMBE conseguimos justificar cientificamente e tecnologicamente esta estrutura de construção. É construído desta forma para respeitar o ângulo de 90 graus. Trata-se de um ângulo de estabilidade que faz com que o muro de blocos fique em pé e resista ao tempo. Nas próximas aulas vamos perceber que existe uma interligação entre as perspectivas egiptológica e a do MANDOMBE.

Onde havia terminado o conhecimento dos egípcios é onde Simon Kimbangu começou a nos revelar o conhecimento que irá revolucionar a humanidade, que é o muro de blocos. Foi revelado pelo Simon Kimbangu todos os segredos do muro de blocos para dinamizar a nova civilização africana.

mandombeuniversity.online

PT: https://youtu.be/wBm28IfJeRM
FR: https://youtu.be/D6Cq_nNDubc

15

ESTUDE ONLINE:

http://bit.ly/mandombeworld

ESTUDO DO MURO DE BLOCOS

PERSPECTIVA GEOMÉTRICA

É uma aula relacionada a geometria e a matemática. O MANDOMBE de uma maneira geral, como poderá ser visto no decorrer das próximas aulas, ajuda e muito a entender as realidades matemáticas.

Vamos começar falando da geometria descritiva.

A perspectiva geomética é também egípcia.

Vamos iniciar pelo conceito da geometria. O MANDOMBE na sua essência é um conhecimento geométrico. A geometria vai nos acompanhar em todos os nossos processos de aquisição dos conhecimentos do MANDOMBE. Na definição etmiológica, a geometria é uma palavra de origem grega. O latim também nos oferece as mesmas características morfológicas. Na composição da palavra geometria

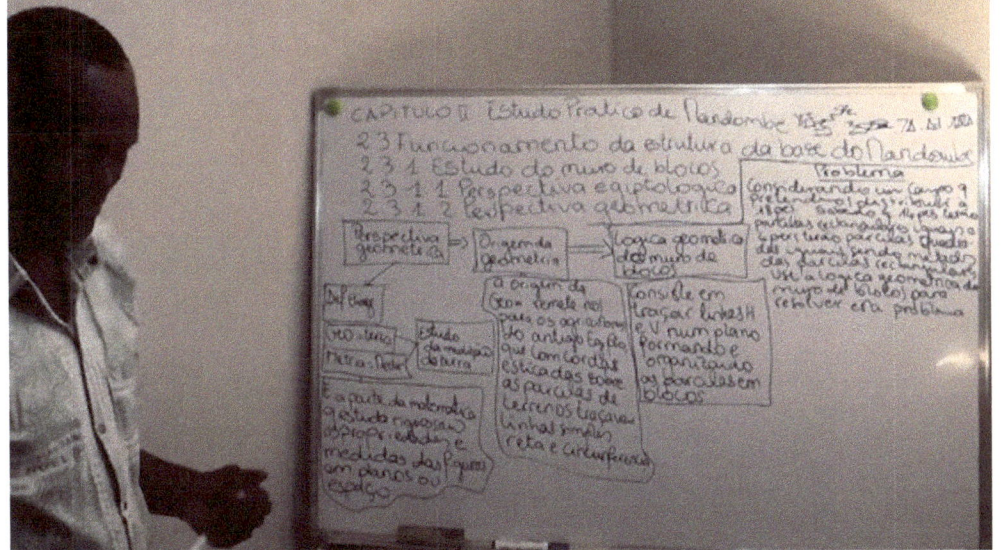

temos: geo = terra e metria = medida.

Geometria é a arte de medir a terra. O rio Nilo teve um papel muito importante no Egito antigo. Explorá-lo fez com que houvesse uma grande evolução tecnológica no Egito. É o rio mais longo da África. A foz do rio Nilo é realmente o Egito. Relativamente às estações climáticas, haviam momentos em que o Nilo ficava cheio e em outros suas águas diminuíam. Os egípcios antigos faziam agricultura ao lango do Nilo. Às margens do Nilo, os agricultores trabalhavam com várias culturas. Cada agricultor tinha o seu pedaço de terra. Eles sabiam que a qualquer momento o nível das águas poderia subir e invadir as áreas de plantio. Isso acontecia todos os anos. Com isso as parcelas de terras eram reduzidas. Aquele trabalho de medir os tamanhos de terra chamava-se geometria.

Através das linhas, pegavam as cordas, esticavam as cordas e, todo o trabalho de medição era feito pelos peritos para repor a legalidade evitando discórdias e disputas. Geometria é a parte da matemática que estuda as propriedades e medidas das figuras, plano ou espaço. Essa é a geometria descritiva.

A Natureza do MANDOMBE é realmente a geometria descritiva. Quem está a escrever o MANDOMBE está a aplicar a geometria descritiva. Uma criança que aos 10 anos de idade está a aprender o MANDOMBE é automaticamente uma criança muito avançada em geometria descritiva. Terá muito mais facilidade para aprender certos conceitos complexos da matemática.

mandombeuniversity.online

PT: https://youtu.be/l1ECqcMReJM
FR: https://youtu.be/RSm6M7DeCAg

16

ESTUDE ONLINE:
http://bit.ly/mandombeworld

À partir desta aula vamos apresentar o MURO DE BLOCOS com uma
nova perspectiva, a PERSPECTIVA MANDOMBE, que vai se basear nos
dois elementos geométricos que se assemelham aos algarismos 5 e 2.

PAKUNDUNGU   PELEKETE

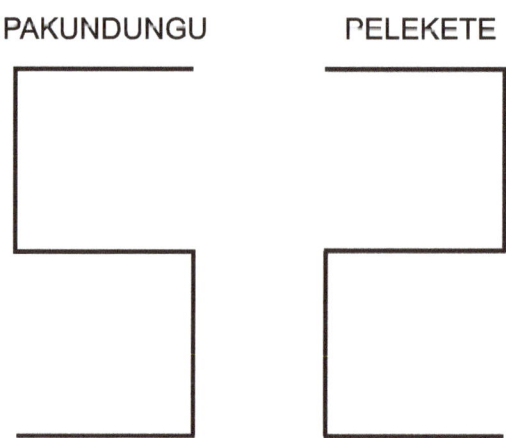

O MANDOMBE NAS ESCOLAS DO MUNDO

mandombeuniversity.online

mandombeuniversity.online

PT: https://youtu.be/zCVxsI5_98A
FR: https://youtu.be/ZczKSBUUfQo

17

ESTUDE ONLINE:
http://bit.ly/mandombeworld

SISTEMA ORGANIZACIONAL DOS MVUALA

FAMÍLIA PAKUNDUNGU

FAMÍLIA PELEKETE

Todos os elementos do MANDOMBE que irão surgir à partir do Pakundungu e do Pelekete são chamados de MVUALA.

A primeira categoria dos MVUALA é chamada de MVUALA MPAMBA ou ELEMENTOS SIMPLES.

Dentro da Família **Pakundungu** temos duas posições:
NKENGE / SINGINI - Ponto de Partida PAKU
NKANGU - SINGINI / Ponto de Partida NDUNGU

Dentro da família **Pelekete** temos igualmente duas posições:
NSONA / SINGINI - Ponto de Partida PELE
KONZO / SINGINI - Ponto de Partida KETE

Lembrando que:
SINGINI - Ponto de partida de uma transição em MANDOMBE.
(Calcanhar)

18

O MANDOMBE PARA CRIANÇAS

Vamos conhecer a história do PAPA PAKUNDUNGU e da MAMA PELEKETE.

O PAPA PAKUNDUNGU era um grande personsagem da aldeia Kuilu. Na aldeia Kuilu papa Pakundungu tinha sua esposa. Ele era muito famoso devido aos trabalhos que ele fazia de fazenda de ter muitas árvores que lhe davam muitos lucros no ponto de produzir frutas.

Sua esposa fica grávida e vai dar a luz a dois filhos gêmeos. O Paku e o Ndungu. O Paku anda sempre com o seu chapeu. Em todos os lugares em que vai, usa sempre o seu chapéu. Se lhe tiram o chapéu ele faz muita confusão. O Paku é o filho do Papa Pakundungu que coloca sempre o chapéu.

Já o Ndungu, irmão do Paku não anda descalso. Sempre de chinelo ou de sapato.

Já a MAMA PELEKETE é muito conhecida por suas obras. Ela se dedica na agricultura, enquanto o marido dela se dedica na pesca.

MAMA PELEKETE vai dar a luz a duas gêmeas. Ela vive na aldeia de Lukengu. É uma aldeia vizinha da aldeia do kuilu.

Uma de suas filhas só vive com um lenço na cabeça. Para onde ela vai, usa sempre um lenço africano em sua cabeça. Ela se chama Pele.

A outra gêmea, chamada Kete só anda com chinelo no pé.

SKN ou Sono Kya Nlendo

SKN ou Sono Kya Nlendo é uma fonte de equivalência desenvolvida pelo Wumbangu Mbanza Hanza em 2019 para escrever Mandombe em Computadores.

Ela baseava-se no princípio de substituição de caracteres latino-fenicianos em caracteres de MANDOMBE. Tecnicamente é uma fonte de equivalência estruturada em três grupos de teclas:
— **Teclas de Equivalência Directa** - teclas de correspondência directa entre os caracteres de Mandombe e latino-feniciano.
— **Teclas de Equivalência Adaptada** - teclas acedidas indiretamente através de combinação ou função Alt.
— **Teclas Especiais** - teclas acedidas através do menu inserir e a paleta de símbolos do windows.

Nesta etapa, para a pessoa escrever uma palavra ou frase de Mandombe em Computador ela precisava decorar as teclas de equivalências que lhe dariam os Zimvwala de MANDOMBE. Um texto de 1000 palavras podia levar entre 2 a 3h para quem não dominasse o sistema de equivalências, pela necessidade de recorrer ao manual da fonte.

Em março de 2021 a fonte conheceu uma nova etapa, passou de fonte de equivalências para **Fonte Fonética**. Através da parceria com a empresa americana de criação de fontes JamraPatel, a fonte foi **reprogramada em sistema PUA**, servindo-se de um teclado virtual próprio. Com este avanço, escrever MANDOMBE em computador passou a ser muito mais simples e directo tal como no sistema latino, sem a necessidade de decorar teclas de substituição.

Uma terceira etapa está a ser preparada, que será a da inserção da fonte no sistema Unicode afim de a integrar em todas as plataformas digitais e da computação no mundo.
Fale com o Professor Wumbangu Mbanza Hanza:
WhatsApp: +244 937 775 616

mandombeuniversity.online

19

ESTUDE ONLINE:
http://bit.ly/mandombeworld

A aula 19 foi aperfeiçoada pelo professor Bitombokele na aula 21. Vou aproveitar este espaço para, como autor do livro externar importantes considerações acerca da qualidade e da importância dos 17 anos de trabalhos de David WABELADIO Pay, que somados aos mais de 23 anos de estudos de Bitombokele, já atingiu uma maturidade inegável em sua Epistemologia.

Como você pôde ler nas páginas anteriores, quando de forma resumida conheceu os relatos da história vivida por David , vIu que não são ficção e legitimam   toda a trajetória vivida pelo MANDOMBE até o preciso momento.

Reafirmo que não me considero a pessoa mais preparada para escrever esta obra, mesmo me valendo quase que na totalidade dos conhecimentos publicados pelo Professor Bitombokele na

Plataforma Digital da Mandombe University, cujo conteúdo, em sua totalidade está aberto.

O que tem me notabilizado, tem sido a rapidez com que sinto as inspirações de Papá Simon Kimbangu e procuro implementá-las de forma rápida, pois mesmo não me considerando a melhor pessoa para fazer, sigo as fortes inspirações para fazer.

Tenho procurado não discutir se 3 = 1 ou 26 = 1. Na minha humilde opnião, TODA A HUMANIDADE É IGUAL A 1.

Como pode ver, todo o conteúdo das aulas do professor Bitombokele está gravado em vídeos, nos idiomas português e francês. Os demais idiomas podem utilizar os recursos de tradução AUTOMÁTICA disponibilizados pelo YOUTUBE.

Além da Plataforma YouTube, os vídeos igualmente foram publicados na Plataforma Facebook, na página da Mandombe University: https://www.facebook.com/mandombeuniversity.

A URL mandombeunivesity.com foi substituída pela URL mandombeuniversity.online.

Estarei igualmente publicando o livro nos idiomas: Inglês, Francês, Alemão e Espanhol. O MANDOMBE é um conhecimento que precisa chegar a todos os cantos do mundo, pois sei muito bem que PAPÁ SIMON KIMANGU tem os seus escolhidos, com as mais variadas missões para o bem da raça negra e de toda a humanidade.

Celso Salles
O autor.

mandombeuniversity.online

20

ESTUDE ONLINE:
http://bit.ly/mandombeworld

Nesta Lição vamos reforçar o entendimento dos Mvuala Za Pamba (Elementos Simples)

Na organização dos Mvuala nós temos 2 famílias:
PAKUNDUNGU e PELEKETE.
Cada família tem duas posições.
Cada posição representa a maneira de escrever o Mvuala.

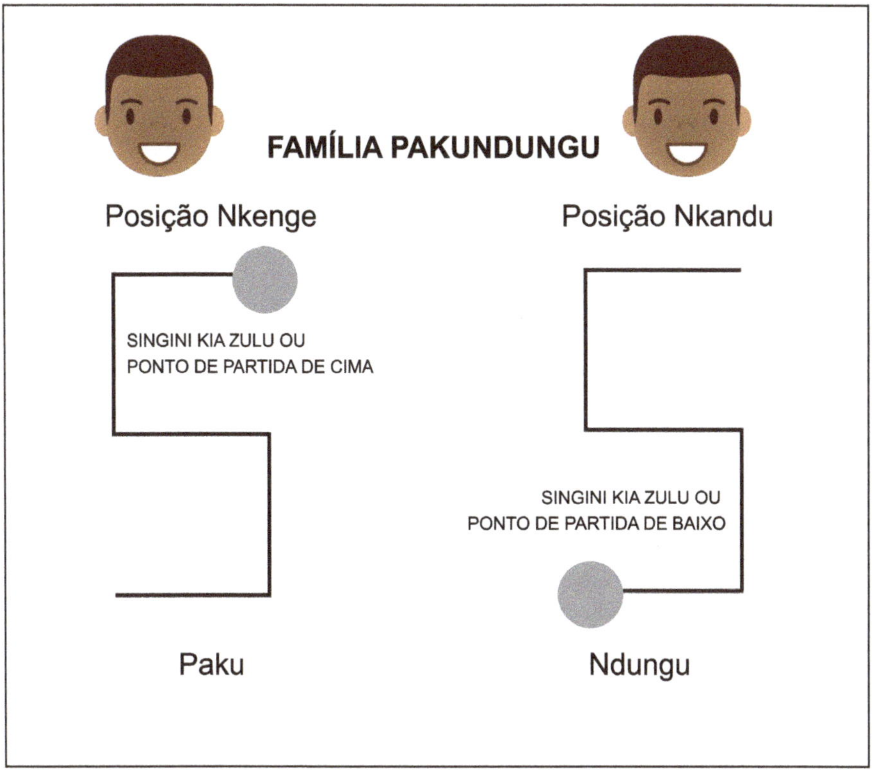

FAMÍLIA PAKUNDUNGU

Posição Nkenge

Posição Nkandu

SINGINI KIA ZULU OU
PONTO DE PARTIDA DE CIMA

SINGINI KIA ZULU OU
PONTO DE PARTIDA DE BAIXO

Paku

Ndungu

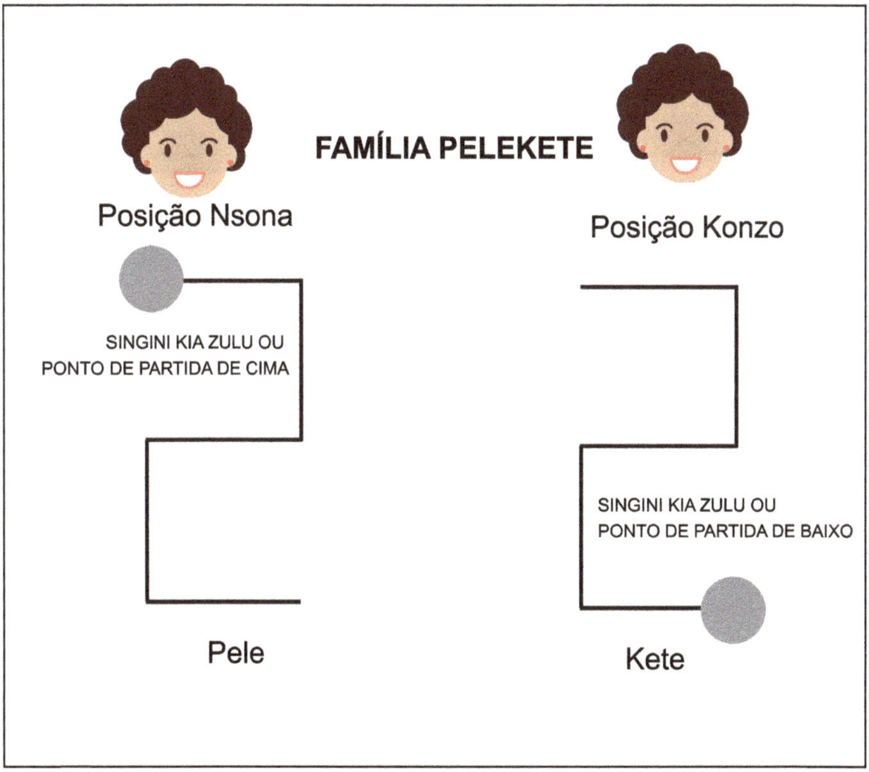

FAMÍLIA PELEKETE

Posição Nsona

Posição Konzo

SINGINI KIA ZULU OU
PONTO DE PARTIDA DE CIMA

SINGINI KIA ZULU OU
PONTO DE PARTIDA DE BAIXO

Pele

Kete

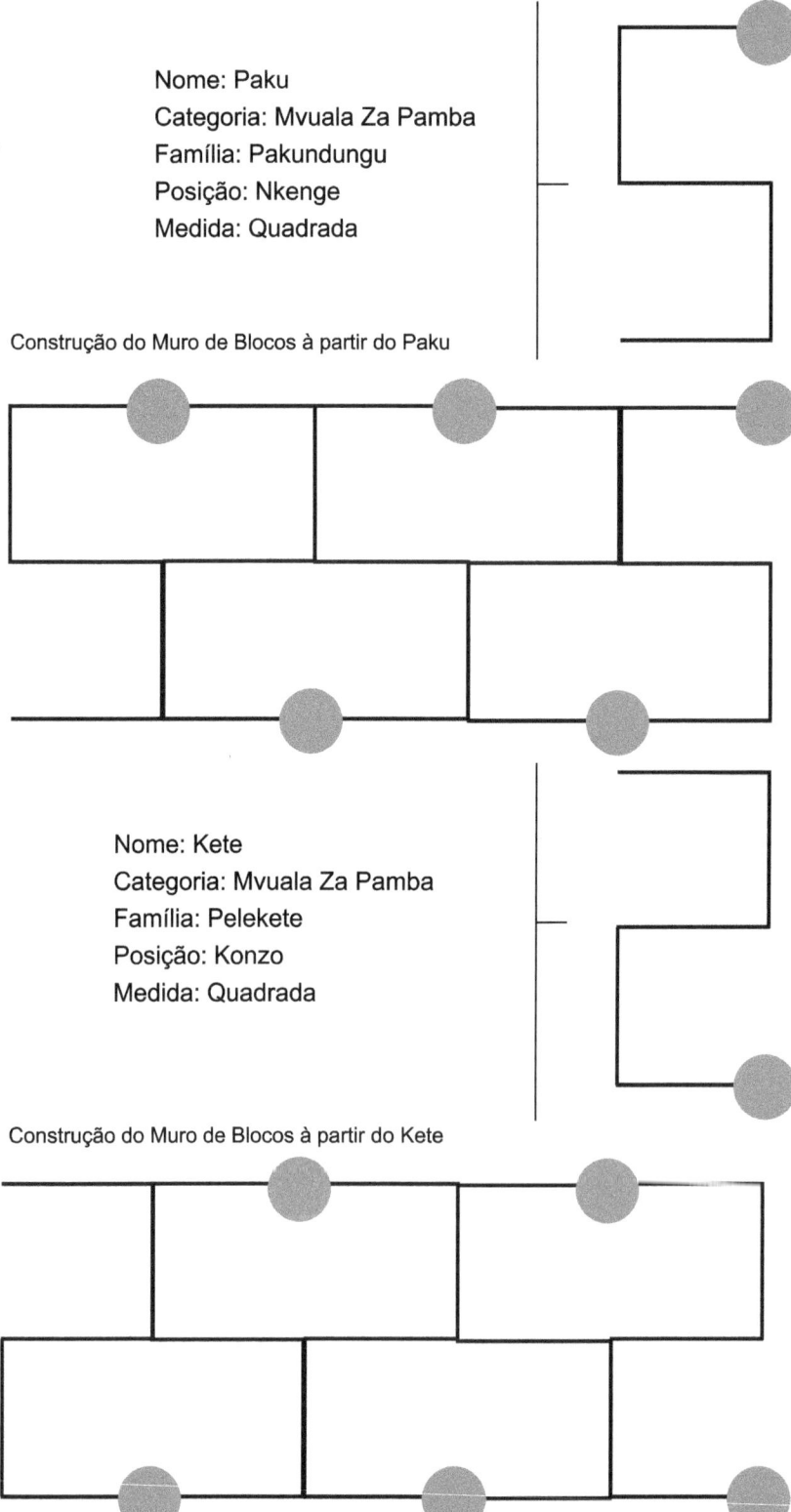

Nome: Paku
Categoria: Mvuala Za Pamba
Família: Pakundungu
Posição: Nkenge
Medida: Quadrada

Construção do Muro de Blocos à partir do Paku

Nome: Kete
Categoria: Mvuala Za Pamba
Família: Pelekete
Posição: Konzo
Medida: Quadrada

Construção do Muro de Blocos à partir do Kete

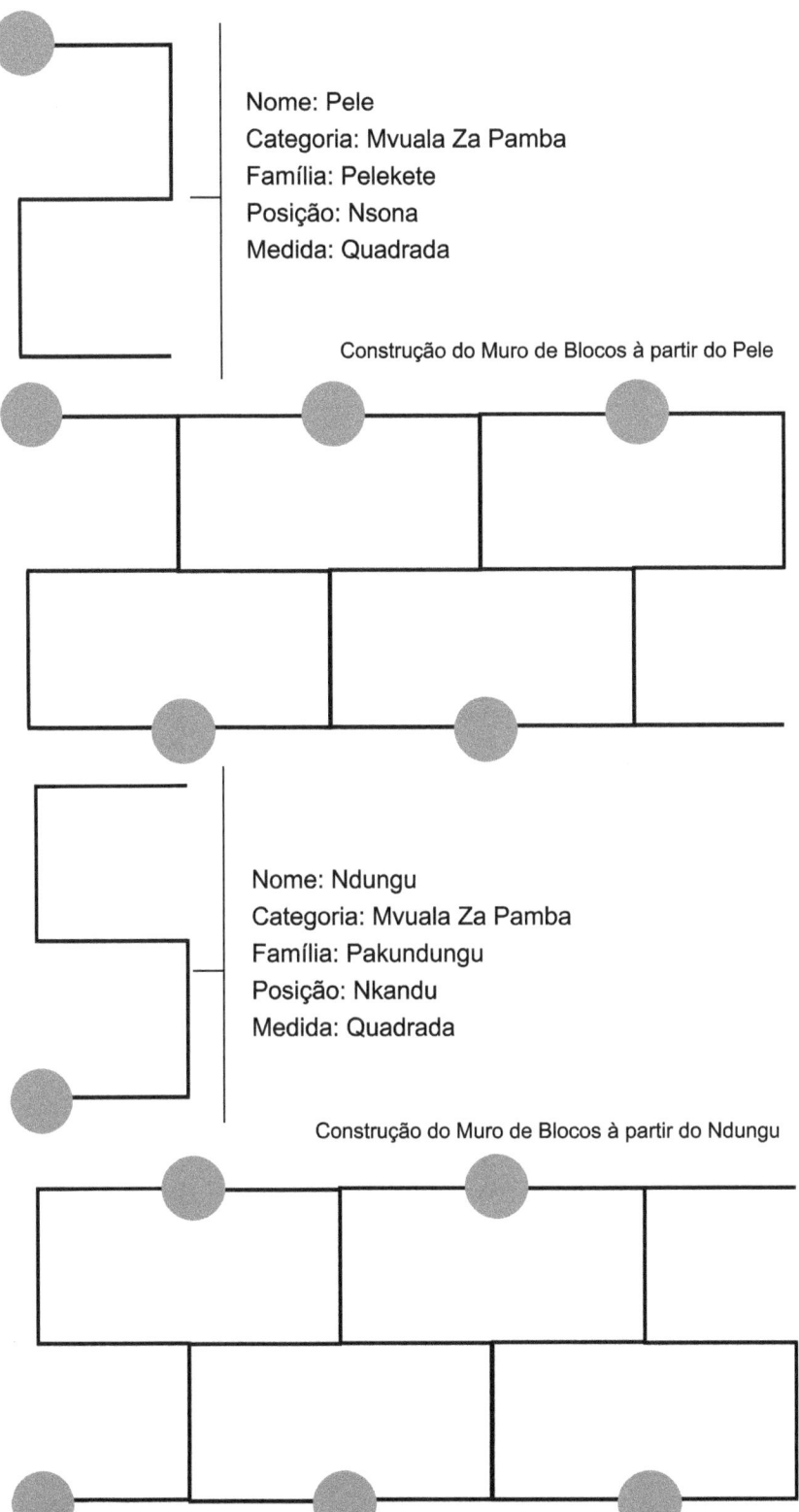

Nome: Pele
Categoria: Mvuala Za Pamba
Família: Pelekete
Posição: Nsona
Medida: Quadrada

Construção do Muro de Blocos à partir do Pele

Nome: Ndungu
Categoria: Mvuala Za Pamba
Família: Pakundungu
Posição: Nkandu
Medida: Quadrada

Construção do Muro de Blocos à partir do Ndungu

PT: https://youtu.be/YvFfiVvHrO4
FR: https://youtu.be/6AkhB3yqqwA

21

ESTUDE ONLINE:
http://bit.ly/mandombeworld

Para facilitar, à partir desta aula 21 estarei colocando legendas em português e inglês. Os quadros criados pelo professor Bitombokele são muito intuitivos e consegue-se entender muito bem o que ele está a transmitir. Como já foi dito, o MANDOMBE utiliza o idioma KIKONGO como transmissor de todo o seu conhecimento. Os demais idiomas servem como interface de comunicação entre o KIKONGO e o seu idioma natal. Aos poucos o aluno, não importa o seu idioma natal, estará pensando em KIKONGO.

Nosso tradutor Bitombokelinho (Pequeno Bitombokele) estará sempre de prontidão.

CAPÍTULO II - ESTUDO PRÁTICO DO MANDOMBE
2.4 FUNCIONAMENTO DO SISTEMA DE PENSAMENTO MANDOMBE
2.4.1 Sistema Organizacional dos Mvuala

QUADRO SINTÉTICO DA ORGANIZAÇÃO DOS MVUALA ZA PILUKA OU ELEMENTOS COMPOSTOS
Famílias
FAMÍLIA
Tipos de
Posição
Ou ELEMENTOS COMPOSTOS

CHAPTER II - PRACTICAL STUDY OF MANDOMBE
2.4 FUNCTIONING OF THE MANDOMBE THINKING SYSTEM
2.4.1 Organizational System of Mvuala

SYNTHETIC TABLE OF THE ORGANIZATION OF MVUALA ZA PILUKA OR COMPOUND ELEMENTS
Families
FAMILY
Types of
Position
Or COMPOUND ELEMENTS

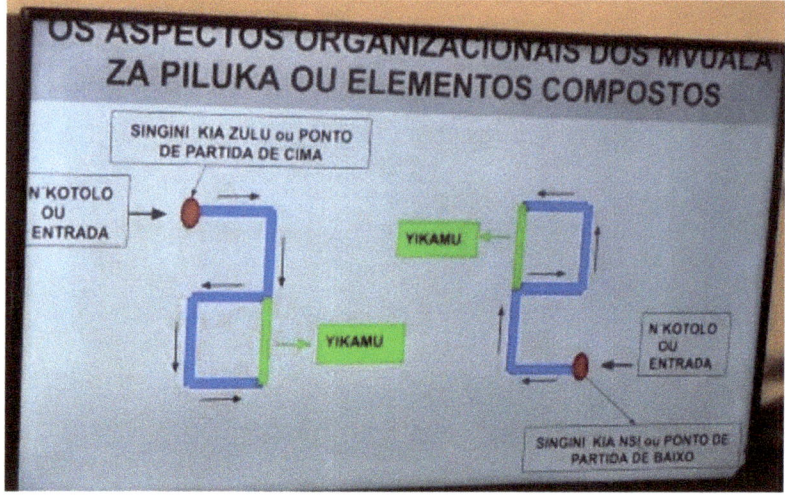

OS ASPECTOS ORGANIZACIONAIS DOS	ORGANIZATIONAL ASPECTS OF
MVUALA ZA PILUKA OU ELEMENTOS COMPOSTOS	MVUALA ZA PILUKA OR COMPOUND ELEMENTS
Ou PONTO DE PARTIDA DE CIMA	OR STARTING POINT FROM ABOVE
OU ENTRADA	OR ENTRY
Ou PONTO DE PARTIDA DE BAIXO	OR BOTTOM STARTING POINT

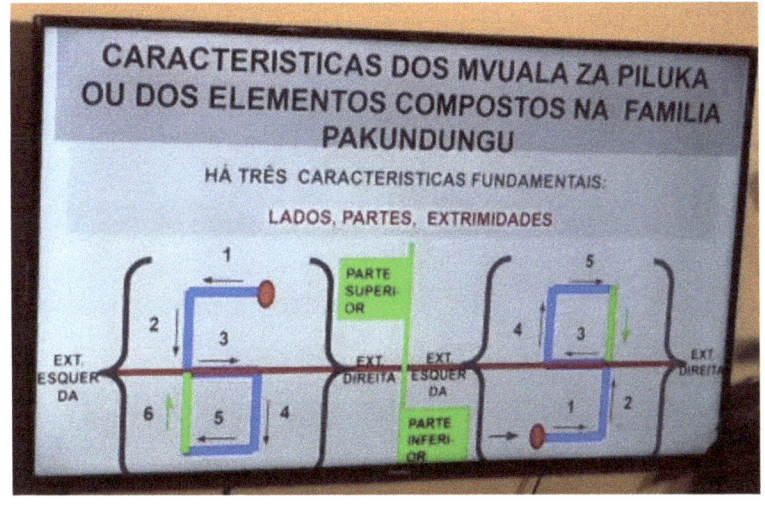

CARACTERÍSTICAS DOS MVUALA ZA PILUKA OU DOS ELEMENTOS COMPOSTOS NA FAMÍLIA...	CHARACTERISTICS OF MVUALA ZA PILUKA OR OF THE COMPOUND ELEMENTS IN THE FAMILY...
HÁ TRÊS CARACTERÍSTICAS FUNDAMENTAIS	THERE ARE THREE KEY FEATURES
LADOS, PARTES, EXTREMIDADES	SIDES, PARTS, EDGES
EXTREMIDADE ESQUERDA	LEFT END
EXTREMIDADE DIREITA	RIGHT END
PARTE SUPERIOR	TOP
PARTE INFERIOR	LOWER PART

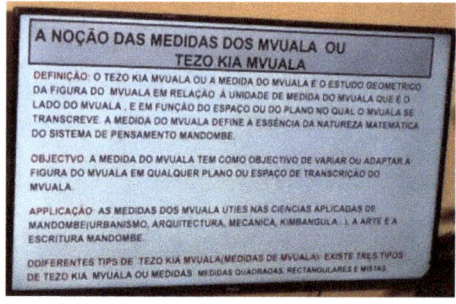 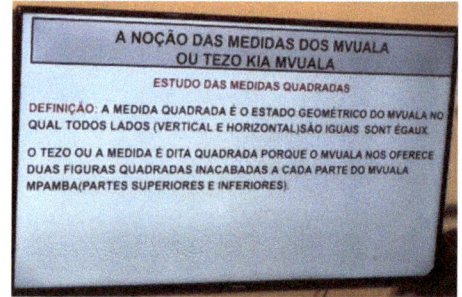

A NOÇÃO DAS MEDIDAS DOS MVUALA OU TEZO KIA MVUALA

DEFINIÇÃO: O TEZO KIA MVUALA ou medida do Mvuala é o estudo geométrico da figura do Mvuala em relação à unidade de medida do Mvuala que é o lado do Mvuala e, função do espaço ou do plano no qual o Mvuala se transcreve a medida do Mvuala define a essência da natureza matemática do sistema de pensamento MANDOMBE.

OBJETIVO: A medida do Mvuala tem como objjectivo de variar ou adaptar a figura do Mvuala em qualquer plano ou espaço de transcrição do Mvuala.

APLICAÇÃO: As medidas dos MVUALAS ÚTEIS nas ciências aplicadas de MANBOMBE (Urbanismo, arquitectura, mecânica, kimbangula...) A arte e a escritura MANDOMBE.

DIFERENTES TIPOS DE TEZO KIA MVUALA (MEDIDAS DE MVUALA).
Existem três tipos de TEZO KIA MVUALA OU MEDIDAS
- Medidas quadradas
- Medidas Rectangulares
- Medidas Mistas

A NOÇÃO DAS MEDIDAS DOS MVUALA OU TEZO KIA MVUALA

ESTUDO DAS MEDIDAS QUADRADAS

DEFINIÇÃO: A medida quadrada é o estado geométrico do Mvuala no qual todos os lados são iguais.

O TEZO OU A MEDIDA DITA QUADRADA porque o Mvuala nos oferece duas figuras quadradas inacabadas a cada parte do Mvuala Mpamba (partes superiores e inferiores)

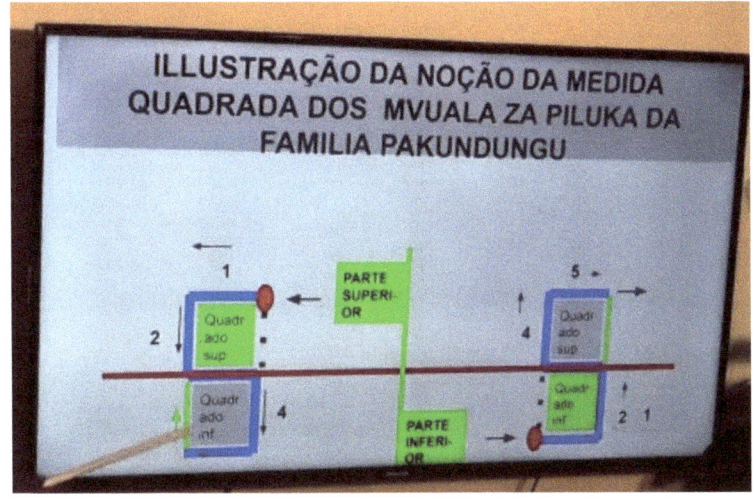

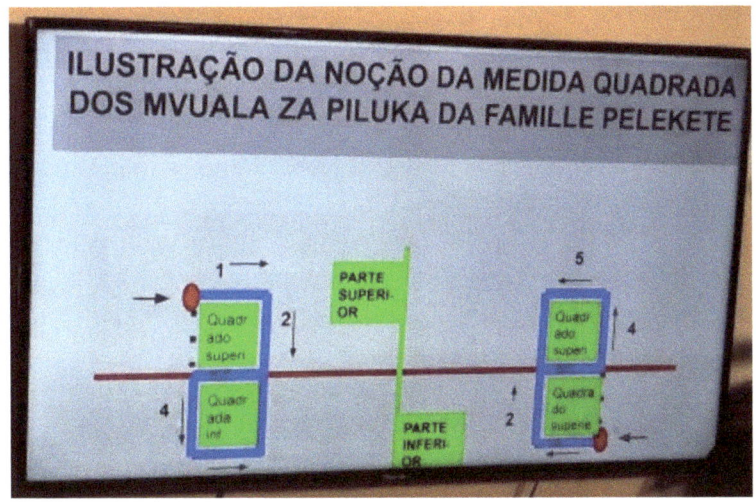

ILUSTRAÇÃO DA NOÇÃO DA MEDIDA QUADRADA DOS MVUALA ZA PILUKA DA FAMÍLIA...	ILLUSTRATION OF THE NOTION OF SQUARE MEASUREMENT OF THE MVUALA THE FAMILY...
Quadrado Superior	Top square
Quadrado Inferior	Lower square
Parte Superior	Top
Parte Inferior	Lower part

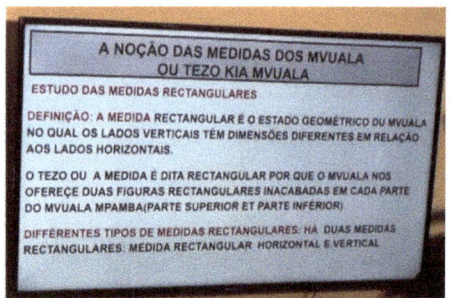 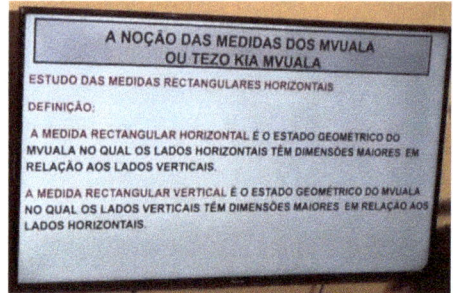

A NOÇÃO DAS MEDIDAS DOS MVUALA
OU TEZO KIA MVUALA

ESTUDO DAS MEDIDAS RECTANGULARES

DEFINIÇÃO: A medida rectangular é o estado geométrico do Mvuala no qual os lados verticais têm dimensões diferentes em relação aos lados horizontais.

O TEZO ou a medida é dita rectangular porque o Mvuala nos oferece duas figuras rectangulares inacabadas em cada parte do Mvuala Mpamba (parte superior e parte inferior).

DIFERENTES TIPOS DE MEDIDAS RECTANGULARES: Há duas medidas rectangulares: medida rectangular horizontal e vertical.

A NOÇÃO DAS MEDIDAS DOS MVUALA OU TEZO KIA MVUALA

ESTUDO DAS MEDIDAS RECTANGULARES HORIZONTAIS

DEFINIÇÃO:

A MEDIDA RECTANGULAR HORIZONTAL ó o estado geométrico do Mvuala no qual os lados horizontais têm dimensões maiores em relação aos lados verticais.

A MEDIDA TECTANGULAR VERTICAL é o estado goemétrico do Mvuala no qual os lados verticais têm dimensões maiores em relação aos lados horizontais.

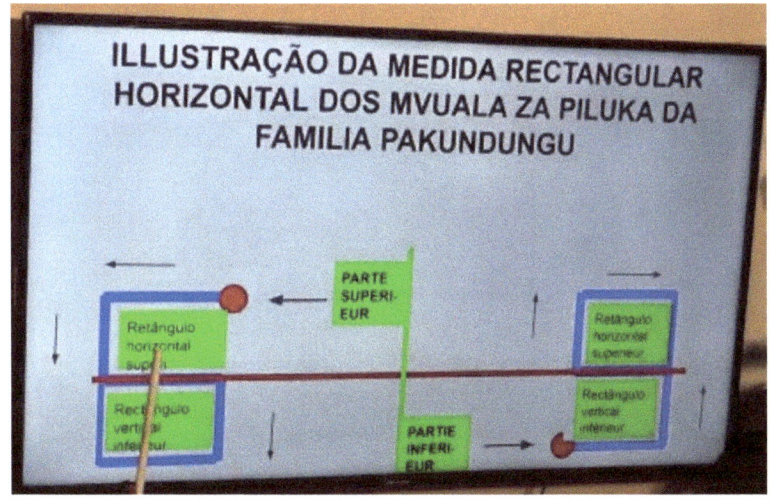

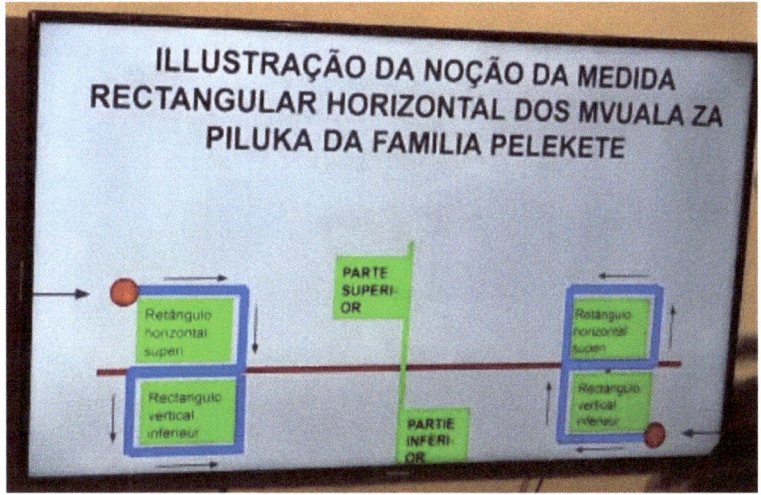

ILUSTRAÇÃO DA MEDIDA RECTANGULAR HORIZONTAL DOS MVUALA ZA PILUKA DA FAMÍLIA...	ILLUSTRATION OF THE HORIZONTAL RECTANGULAR MEASUREMENT OF THE FAMILY MVUALA ZA PILUKA...
Retângulo horizontal superior	Top horizontal rectangle
Retângulo horizontal inferior	Bottom horizontal rectangle
Parte superior	Top
Parte inferior	Lower part

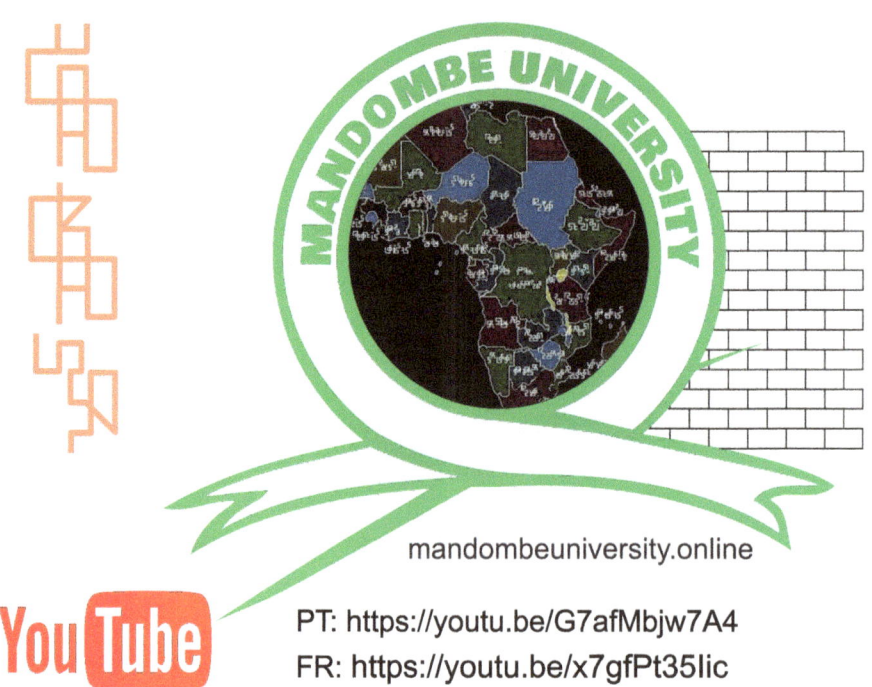

CAPÍTULO II
ESTUDO PRÁTICO DO MANDOMBE

2.4 FUNCIONAMENTO DO SISTEMA DE PENSAMENTO MANDOMBE
2.4.3 Sistema Organizacional dos Mvuala za Mpimpita

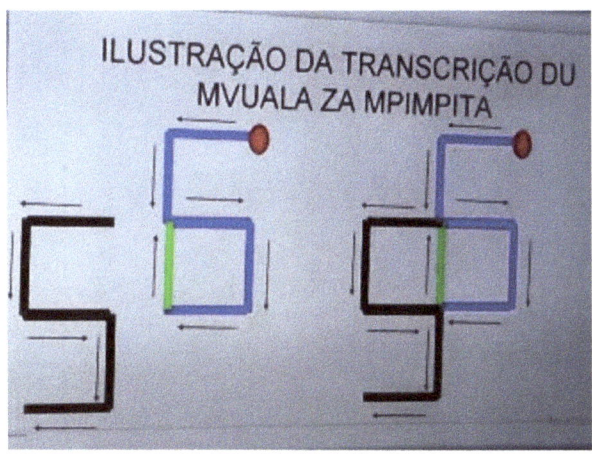

Ilustração da transcrição do Mvuala Za Mpimpita

Illustration of the transcript of Mvuala Za Mpimpita

Generalidade sobre o Mvuala Mpimpita

- Definição
O Mvuala Mpimpita é a união sistemática de um Mvuala Piluka e um Mvuala Mpamba.

- Objetivo
O Mvuala Mpimpita tem como objectivo implementar o dispositivo da estrutura de base do sistema angolar MANDOMBE.

- Importância
O Mvuala Mpimpita é uma ferramenta muito importe na consolidação científica da filosofia epistemológica do MANDOMBE.

É o Mvuala Mpimpita que nos permite explorar a totalidade das possibilidades no processo da produção de conhecimentos.

Método de transcrição
A transcrição de um Mvuala Mpimpita obedece a seguinte lógica:

1 - A transcrição do Mvuala Mpimpita começa sempre com Mvuala Piluka e termina sempre com um Mvuala Mpamba

2 - Em um procedimento da união do Mvuala Piluka e do Mvuala Mpamba, o singinini e o Nkotolo do Mvuala Mapa se encontra sempre onde termina o Mvuala Piluka.

3 - Na lógica da união Mvuala Piluka e o Mvuala Mpamba, a ligação é automática e continua sem tirar a mão.

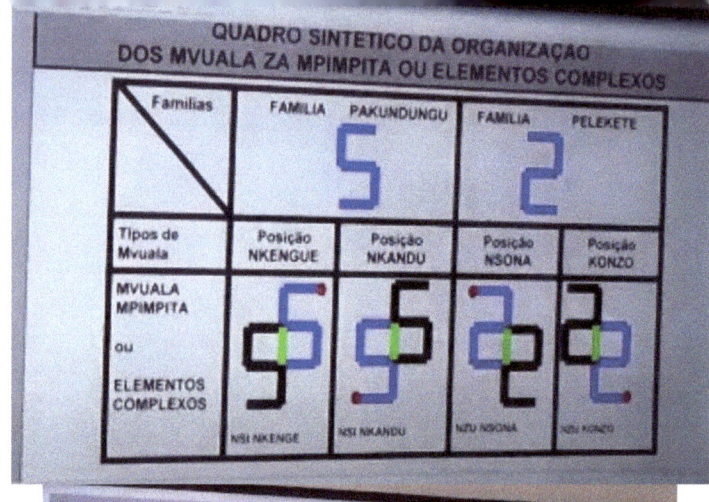

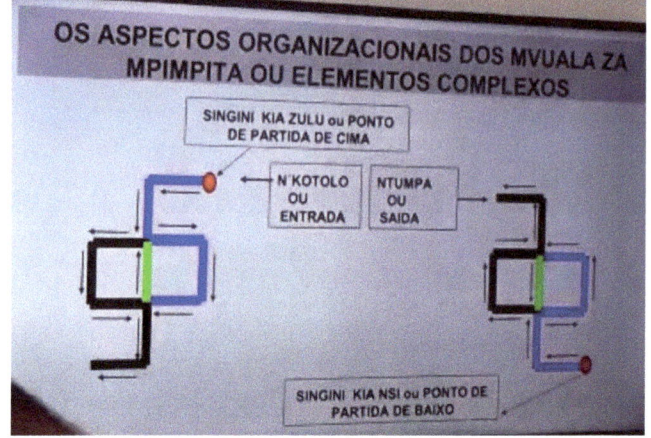

Famílias	FAMÍLIA	PAKUNDUNGU	FAMÍLIA	PELEKETE
	5		**2**	
Tipos de Mvuala	Posição NKENGUE	Posição NKANDU	Posição NSONA	Posição KONZO
MVUALA MPIMPITA ou ELEMENTOS COMPLEXOS	NSI NKENGE	NSI NKANDU	NZU NSONA	NSI KONZO

QUADRO SINTÉTICO DA ORGANIZAÇÃO DOS MVUALA ZA MPIMPITA OU ELEMENTOS COMPLEXOS.	SYNTHETIC TABLE OF THE ORGANIZATION OF MVUALA ZA MPIMPITA OR COMPLEX ELEMENTS.
Famílias	Families
Família	Family
Tipos de	Types of
Posição	Position
ELEMENTOS COMPLEXOS	COMPLEX ELEMENTS
OS ASPECTOS ORGANIZACIONAIS DOS MVUALA ZA MPIMPITA OU ELEMENTOS COMPLEXOS	ORGANIZATIONAL ASPECTS OF MVUALA ZA MPIMPITA OR COMPLEX ELEMENTS
ou PONTO DE PARTIDA DE CIMA	or STARTING POINT FROM ABOVE
OU ENTRADA	OR ENTRY
OU SAÍDA	OR OUTPUT
PONTO DE PARTIDA DE BAIXO	BOTTOM STARTING POINT

CARACTERÍSTICAS DOS MVUALA ZA PILUKA OU DOS ELEMENTOS COMPOSTOS NA FAMÍLIA.	CHARACTERISTICS OF THE MVUALA ZA PILUKA OR OF THE COMPOUND ELEMENTS IN THE FAMILY.
HÁ TRÊS CARACTERÍSTICAS FUNDAMENTAIS	THERE ARE THREE KEY FEATURES
LADOS, PARTES E EXTREMIDADES	SIDES, PARTS AND EDGES
O Mvuala Mpitita tem 11 lados, 3 partes e 2 extremidades	The Mvuala Mpitita has 11 sides, 3 parts and 2 ends
Parte Superior	Top
Parte Central	The center, the middle part, the nucleus
Parte Inferior	Lower part
Extremidade Esquerda	left end
Extremidade Direita	right end

A NOÇÃO DAS MEDIDAS DOS MVUALA OU TEZO KIA MVUALA

DEFINIÇÃO:

O Tezo Kia Mvual ou a medida do Mvuala é o estudo geométrico da figura do Mvuala em relação a unidade de medida do Mvuala que é o lado do Mvuala e em função do espaço ou do plano no qual o Mvuala se transcreve. A medida do Mvuala define a essência da natureza matemática do sistema de pensamento MANDOMBE.

OBJECTIVO:

A medida do Mvuala tem como objectivo variar ou adaptar a figuta do Mvuala em qualquer plano ou espaço de transcrição do Mvuala.

APLICAÇÃO:

As medidas dos Mvuala úteis nas ciências aplicadas de MANDOMBE (Urbanismo, arquitectura, mecânica, kimbangula...) a arte e a escritura MANDOMBE.

DIFERENTES TIPOS DE TEZO KIA MVUALA (Medidas de Mvuala)

Existem três tipos de Tezo Kia Mvuala ou Medidas: quadradas, retangulares e mistas.

ESTUDO DAS MEDIDAS QUADRADAS

DEFINIÇÃO:

A medida quadrada é o estado geométrico do Mvuala no qual todos os lados (vertical e horizontal) são iguais.

O TEZO ou a MEDIDA é dita quadrada porque o Mvuala nos oferece duas figutas quadradas inacabadas a cada parte do Mvuala Mpamba (Partes Superiores e Inferiores).

| ILUSTRAÇÃO DA NOÇÃO DA MEDIDA QUADRADA DOS MVUALA ZA MPIMPITA | ILLUSTRATION OF THE NOTION OF THE SQUARE MEASUREMENT OF MVUALA ZA MPIMPITA |

A NOÇÃO DAS MEDIDAS DOS MVUALA OU TEZO KIA MVUALA

ESTUDO DAS MEDIDAS RECTANGULARES
DEFINIÇÃO:
Rectangular é o estado geométrico do Mvuala no qual os lados verticias têm dimensões diferentes em relação aos lados horizontais.

O TEZO ou a MEDIDA é dita rectangular porque o Mvuala nos oferece duas figutas rectangulares inacabadas em cada parte do Mvula Mpamba (parte superior e parte inferior)

DIFERENTES TIPOS DE MEDIDAS RECTANGULARES:
Há duas medidas tectangulares: Medida rectangular horizontal e vertical.

ESTUDO DAS MEDIDAS RECTANGULARES HORIZONTAIS
DEFINIÇÃO:
A MEDIDA RECTANGULAR HORIZONTAL é o estado geométrico do Mvuala no qual os lados horizontais têm dimensões maiores em relação aos lados verticais.

A MEDIDA RECTANGULAR VERTICAL é o estado geométrico do Mvuala no qual os lados verticias têm dimensões maiores em relação aos lados horizontais.

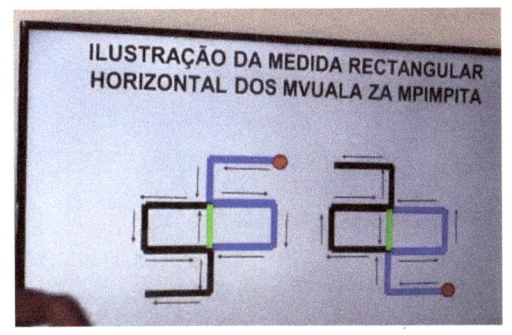

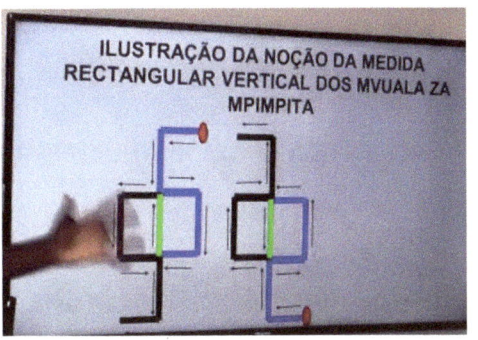

ILUSTRAÇÃO DA MEDIDA RECTANGULAR HORIZONTAL DOS MVUALA ZA MPIMPITA	ILLUSTRATION OF THE HORIZONTAL RECTANGULAR MEASUREMENT OF MVUALA ZA MPIMPITA
ILUSTRAÇÃO DA NOÇÃO DA MEDIDA RECTANGULAR VERTICAL DOS MVUALA ZA MPIMPITA	ILLUSTRATION OF THE NOTION OF THE VERTICAL RECTANGULAR MEASUREMENT OF THE MVUALA ZA MPIMPITA

A NOÇÃO DAS MEDIDAS DOS MVUALA OU TEZO KIA MVUALA ESTUDO DAS MEDIDAS MISTAS

DEFINIÇÃO:

A MEDIDA MISTA é o estado geométrico do Mvuala no qual os lados (verticais ou horizontais), de uma parte a outra para (parte superior, central e inferior) não tem os mesmos cumprimentos ou dimensões, formando figuras diferentes em ambas as partes.

É plausível observar que as figutas geométricas que o Mvuala de medida mista oferece, podem ser quadrados ou retângulos.

Neste contexto, teremos diferentes tipos de medida mista de um Mvuala que vamos aprofundar na próxima aula.

A NOÇÃO DAS MEDIDAS DOS MVUALA OU TEZO KIA MVUALA

DIFERENTES TIPOS DE MEDIDAS MISTAS

HÁ TRÊS TIPOS DE MEDIDAS MISTAS DE UM MVUALA MPIMPITA:
MEDIDA MISTA RECTO-QUADRADA, MEDIDA MISTA RECTO-VERTICUAL E MEDIDA MISTA RECTO-HORIZONTAL.

A MEDIDA MISTA RECTO-QUADRADA é o estado geométrico do Mvuala no qual a diferenciação das dimensões dos lados nos oferecem duas figuras quadradas na parte central, uma figura quadrada na parte inferior e uma figura rectangular na parte superior independentemente da posição do Mvuala.

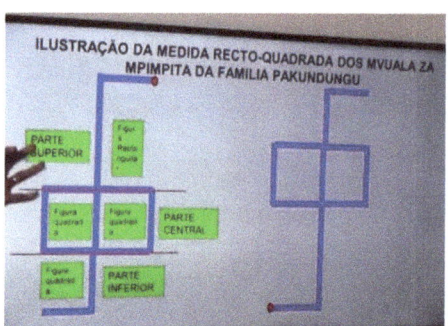

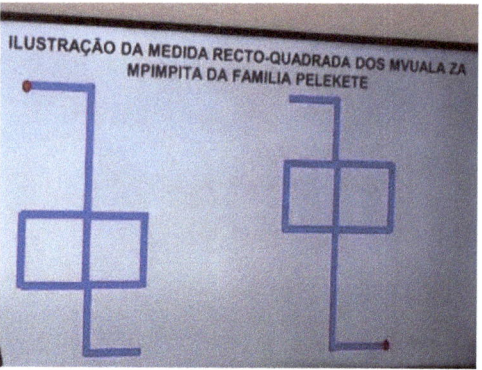

ILUSTRAÇÃO DA MEDIDA RECTO-QUADRADA DOS MVUALA ZA MPIMPITA DA FAMÍLIA PAKUNDUNGU.	ILLUSTRATION OF THE STRAIGHT SQUARE MEASUREMENT OF THE MVUALA ZA MPIMPITA OF THE PAKUNDUNGU FAMILY.
ILUSTRAÇÃO DA MEDIDA RECTO-QUADRADA DOS MVUALA ZA MPIMPITA DA FAMÍLIA PELEKETE.	ILLUSTRATION OF THE STRAIGHT SQUARE MEASUREMENT OF MVUALA ZA MPIMPITA FROM THE PELEKETE FAMILY.

A NOÇÃO DAS MEDIDAS DOS MVUALA OU TEZO KIA MVUALA

DIFERENTES TIPOS DE MEDIDAS MISTAS

Há três (3) tipos de medida mista: Medida Mista Recto-Quadrada, Medida Mista Recto-Vertical e Medida Mista Recto-Horizontal.

A MEDIDA MESTA RECTO-VERTICAL

É o estado geométrico do Mvuala no qual a diferenciação das dimensões dos lados oferecem quatro figuras rectangulares verticias diferentes ou seja: duas diguras na parte central, uma na parte superior e uma outra na parte inferior.

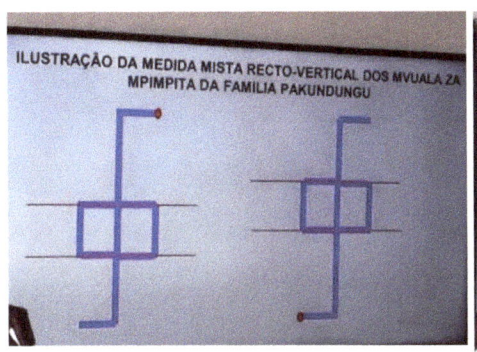

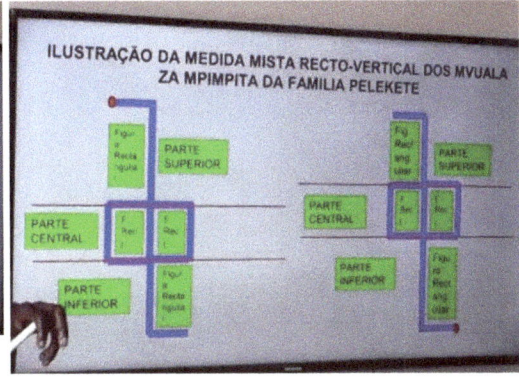

ILUSTRAÇÃO DA MEDIDA MISTA RECTO-VERTICAL DOS MVUALA ZA MPIMPITA DA FAMÍLIA PAKUNDUNGU.	ILLUSTRATION OF THE MIXED STRAIGHT-VERTICAL MEASUREMENT OF THE MVUALA ZA MPIMPITA OF THE PAKUNDUNGU FAMILY.
ILUSTRAÇÃO DA MEDIDA MISTA RECTO-VERTICAL DOS MVUALA ZA MPIMPITA DA FAMÍLIA PELEKETE.	ILLUSTRATION OF THE MIXED STRAIGHT-VERTICAL MEASUREMENT OF THE PELEKETE FAMILY'S MVUALA ZA MPIMPITA.

A NOÇÃO DAS MEDIDAS DOS MVUALA OU TEZO KIA MVUALA

DIFERENTES TIPOS DE MEDIDAS MISTAS

Há três tipos de medidas mistas:
Medida mistra recto-quadrada
Medida mista recto-vertical
Medida mista recto-horizontal

A MEDIDA MISTA RECTO-HORIZONTAL

É o estado geométrico do Mvuala no qual a diferenciação das dimensões dos lados nos oferecem quatro figuras retangulares horizontais diferentes ou seja: duas figuras na parte central, uma na parte superior e uma na outra parte inferior, dependendo da posição do Mvuala.

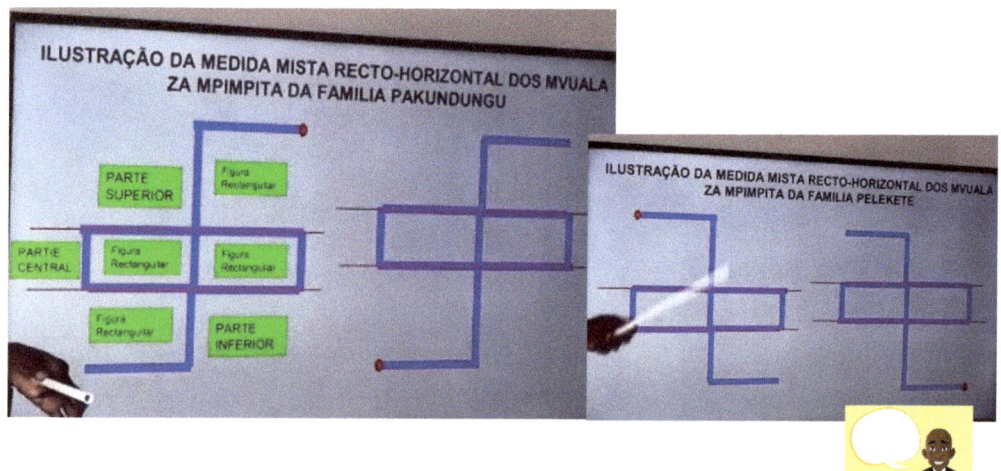

ILUSTRAÇÃO DA MEDIDA MISTA RECTO-HORIZONTAL DOS MVUALA ZA IMPIMPITA DA FAMÍLIA...	ILLUSTRATION OF THE MIXED STRAIGHT-HORIZONTAL MEASUREMENT OF THE FAMILY MVUALA ZA IMPIMPITA...
PARTE SUPERIOR	TOP
FIGURA RETANGULAR	RECTANGULAR FIGURE
PARTE CENTRAL	THE MIDDLE PART
PARTE INFERIOR	LOWER PART

EXERCÍCIO

CONSTRUÇÃO DO MURO DE BLOCOS

O Muro de Blocos é a estrutura base do Sistema de Pensamento MANDOMBE. O exercício de construção do Muro de Blocos é muito importante para habilitar a Mão do Nkua Nduenga em transcrever os caracteres de MANDOMBE em todas as posições.

Esse exercício consiste em construir 4 muros de blocos segundo as posições dos Mvuala, cada muro será constituído de 30 Mvuala Za Mpampa repartidos em duas combinações sobrepostas de 15 Mvuala em cada combinações

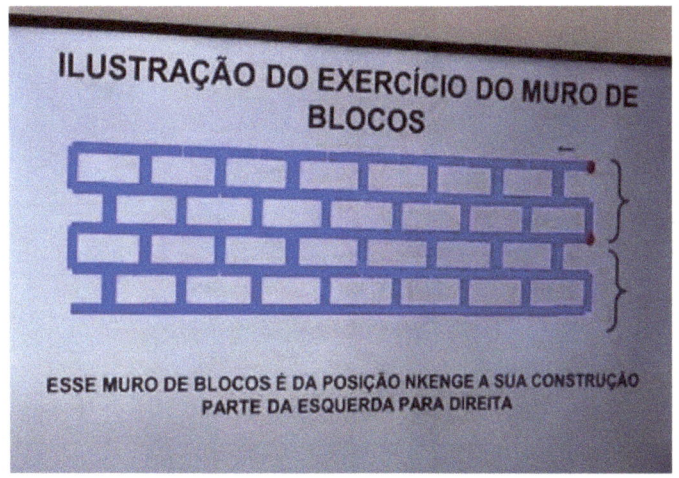

ILUSTRAÇÃO DO EXERCÍCIO DO MURO DE BLOCOS

ESSE MURO DE BLOCOS É DA POSIÇÃO NKENGE A SUA CONSTRUÇÃO PARTE DA ESQUERDA PARA DIREITA

ILUSTRAÇÃO DO EXERCÍCIO DO MURO DE BLOCOS	ILLUSTRATION OF THE BLOCK WALL EXERCISE
Esse Muro de Blocos é da Posição Ngenge. A sua construção parte da esquera para a direita.	This Wall of Blocks is from Position Ngenge. Its construction starts from left to right.

EXERCÍCIO

ESTUDO ANALÍTICO DOS MVUALA ZA MPIMPITA OU ELEMENTOS COMPLEXOS

DEFINIÇÃO:

O Estudo Analítico dos Mvuala é um exercício que consiste em observar um Mvuala e descrever as suas informações identitárias que ele representa relativamente ao sistema operacional do Mvuala.

OBJETIVOS:

- Desenvolver a capacidade analítica do Nku Nduenga
- Desenvolver aptidões de obervações inteligíveis do Nkua Nduenga.

DESCRIÇÃO:

O exercício exige fornecer as seguintes informações do Mvuala

- Nome
- Categoria do Mvuala
- Família Posição
- Tipo de Medida

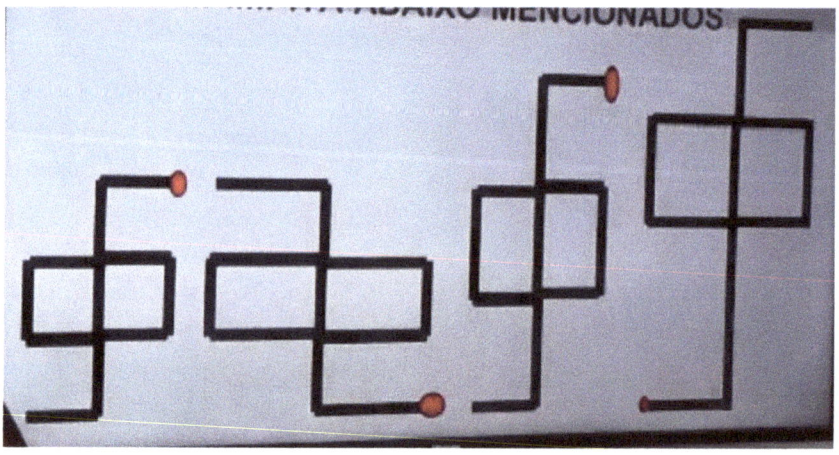

EXERCÍCIO

TRANSCRIÇÃO DOS MVUALA

DEFINIÇÃO:
A transcrição dos Mvuala é um exercício de repetição que consiste em reproduzir ou transcrever um Mvuala várias vezes segundo as informações identitárias que serão fornecidas e também o contrário do exercício analísito.

OBJETIVOS:
- Capacitar o Nkua Nduenga em escrever os Mvula em todas as posições respeitando a lógica de Lubamba.

LÓGICA DE LUBAMBA:
A Lógica de Lubamba é o princípio que exige transcrever um Mvuala do seu Nkotolo (Singini) até ao Ntumpa sem levantar a mão, respeitando a sequência dos lados.

TRANSCREVER OS MVUALA SEGUINTES:

1) 30 NSI NKENGE de Media Quadrada

2) 20 NSI Nkandu de medida Mista Recto-Quadrada

3) 30 NZU NSONA de Medida Mista Recto-Horizontal

4) 30 NZU Konzo de Medida Rectangular Vertical

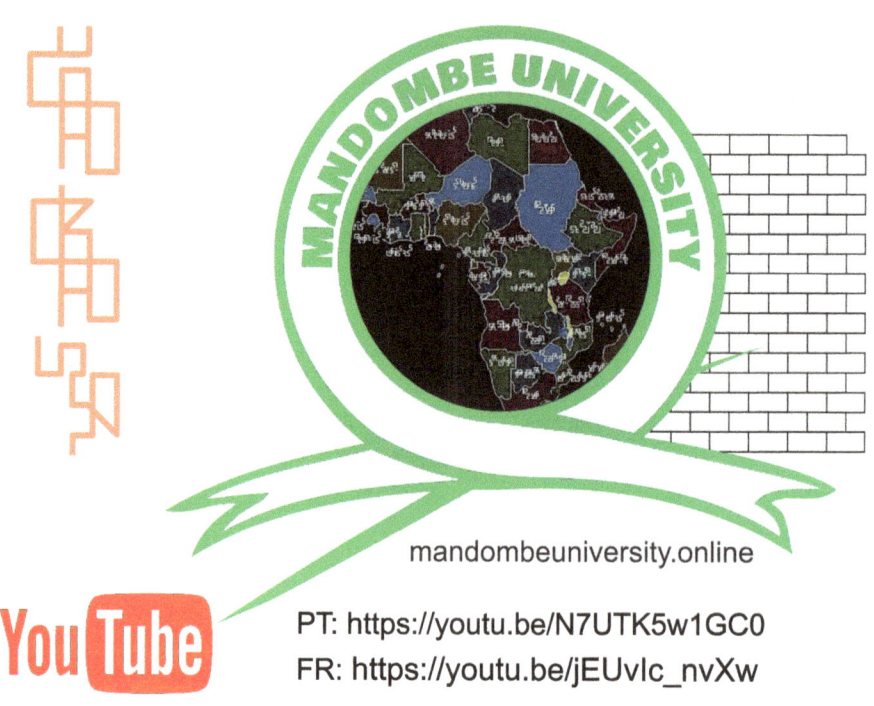

mandombeuniversity.online

PT: https://youtu.be/N7UTK5w1GC0
FR: https://youtu.be/jEUvIc_nvXw

23

ESTUDE ONLINE:
http://bit.ly/mandombeworld

CAPÍTULO II
ESTUDO PRÁTICO DO MANDOMBE

2.4 FUNCIONAMENTO DO SISTEMA DE PENSAMENTO MANDOMBE

2.4.4 MIKA MIA BIKA ou Sistema Angular de Mandombe

GENERALIDADE SOBRE O MIKA MIA BIKA ou Sistema Angular MANDOMBE

- Essência do Conceito MIKA MIA BIKA.

Trata-se de uma expressão da lingua Kikongo que vem da linguagem metafórica que a Sua Eminência Dialungana Kiangani, segundo filho de Simon Kimbangu, usa para instruir a Comunidade Kimbanguista sobre a importância de trabalhar em união e harmonia:

Lukaka bonso mika mia mbua, lekila kumosi yi sikamana kumosi (Sejam como se fossem pelagem ou pelos do cão que se deitam juntos e se indireitam juntos).

Na anatomia do cão quando ele se encontra no estado de agressividade ou de auto-defesa, o seu sistema nervoso comunica aos musculos da coluna vertebral para indireitar todos os pelos dessa parte horizontal do corpo do cão.

- Essência do conceito Mika mia Bika

Assim, a expressão kikongo Mika mia Mbua é a representação sintética do sistema harmonioso do movimento horizontal e vertical automático dos pelos de um cão que estiver em estado de agressividade.

Essa expressão (Mika mia mbua) doi constualizada em MANDOMBE para codificar e representar a harmonia do sistema dos ângulos do Mvuala Za Mpimpita. Na lógica de MANDOMBE, o ângulo é chamado Bika, referente às 4 fases da inclinação da lua (ver imagem a seguir).

Nessa perspectiva o sistema angular MANDOMBE foi codificado em comparação à acção harmoniosa do movimento automático dos pelos do cão. Assim, em vez de Mka mia Mbua, em MANDOMBE falamos de Mika mia Bika (os pelos do angulo que forma um mecanismo perfeitamente organizado)

A INCLINAÇÃO DA LUA EM KIKONGO CHAMA-SE BIKA

Quarto Minguante
Sol
Lua Cheia
Lua Nova
Quarto Crescente

E ESSA EVOLUÇÃO LUNAR QUE LEVOU O DR WABELADIO EM CODIFICAR A NOÇÃO DO ANGULO NA LOGICA DA INCLINAÇÃO DA LUNA QUE ELE DENOMINOU DE BIKA

A INCLINAÇÃO DA LUA EM KIKONGO CHAMA-SE BIKA.

THE TILT OF THE MOON IN KIKONGO IS CALLED BIKA.

Essa evolução lunar levou o Dr. Wabeládio a condificar a Noção do Angulo na Lógica da Inclinação da Lua que ele denominou de BIKA.

This lunar evolution led Dr. Wabeládio to encode the Notion of Angle in the Logic of the Moon's Tilt, which he called BIKA.

Definição Etimológica

Mia Mia Bika é uma expressão da Língua Kikongo composta de três palavras:
Mika - Pelos ou pelagem
Mia - É a preposição do

Bika - Ângulo

Em outras palavras, a expressão MIKA MIA BIKA significa a PELAGEM DO ÂNGULO oum OS PELOS DO ÂNGULO.

Assim, o MIKA MIA BIKA é uma rexpressão técnica de MANDOMBE que significa SISTEMA ANGOLAR MANDOMBE.

Definição Clássica ou Técnica

MIKA MIA BIKA ou Sistema Angular MANDOMBE é um jogo de ângulos interdependentes, produzidos pelo MVUALA MPIMPITA graças ao movimento cirvular continuo vertical do YKAMU de a a 180 graus, formando um todo organizado.

É de salientar que de uma maneira geral, o ânguloa ou BIKA é uma figura geométrica formada pela intersecção de duas linhas rectas.

O ponto de intersecção é que se chama BIKA ou Ângulo.

OBJETIVOS DO MIKA MIA BIKA ou Sistema Angular Mandombe

- Mostrar com um novo visual a interdependência dos ângulos encaixados num único mecanismo.
- Demonstrar a evidência mecânica e trigonométrica do sistema de pensamento MANDOMBE.
- Demonstrar o rigor científico e tecnológico do MANDOMBE.
- Abrir o campo do universo das aplicações do MANDOMBE em muitas áreas do saber.

O MIKA MIA BIKA representa o coração do funcionamento ou da dinâmica do MANDOMBE.

O MIKA MIA BIKA é o órgão vital do Sistema de Pensamento

MANDOMBE.

É a complexidade da Complexidade dos elementos complexos do MANDOMBE ou Mvuala Za Mpimpita.

Facilita a compreensão da complexidade da matemática e física no processo do ensino e aprendizagem.

O MIKA MIA BIKA ou SISTEMA ANGULAR funciona como base em uma chave complexa denominada MVUALA ZA MPIMPITA que é a estrutura angular de base do MIKA MIA BIKA. Em outros termos, o Mvuala Za Mpimpita é a peça fundamental no processo do estudo da evolução dinâmica dos Ãngulos dentro do MIKA MIA BIKA. No estudo do funcionamento do MIKA MIA BIKA vamos considerar o Mvuala Mpimpita - Nsi Nkandu como nosso objeto de estudo.

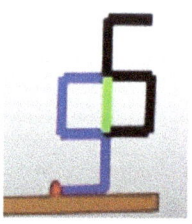

PROCESSO EVOLUTIVO DO MIKA MIA BIKA OU SISTEMA ANGULAR MANDOMBE NA BASE DO MVUALA MPIMPITA-NSI NKANDU

O provesso evolutivo do sistema angular baseia-se no movimento circular contínuo do YIKAMU. O Dr. Wabeladio nos seus estudos sobre o Mvuala Mpimpita, repartiu os passos angulares do moimento circular contínuo do YIKAMU em 5 ângulos de tempos que parte de a até 180 graus, que ele denominou de MABIKA MA MVUALA no plura ou BIKA DIA MVUALA no singular. Cada passo produz um caracter ou uma

chave que é a nova representação de um ângulo.
Epostemologicamente, estamos perante uma NOVA PERCEPÇÃO
TRIGONOMÉTRICA acompanhe nos vídeos em português e francês
a explicação com maiores detalhes, do professor Bitombokele.

PT: https://youtu.be/N7UTK5w1GC0
FR: https://youtu.be/jEUvlc_nvXw

mandombeuniversity.online

PT: https://youtu.be/tRmUXbAq0jk
FR: https://youtu.be/f2K805uR138

24

ESTUDE ONLINE:
http://bit.ly/mandombeworld

CAPÍTULO II
ESTUDO PRÁTICO DO MANDOMBE

2.4 FUNCIONAMENTO DO SISTEMA DE PENSAMENTO MANDOMBE
2.4.3 Sistema Organizacional dos Mvuala Za Mpimpita
2.4.4 Mika mia Bika ou Sistema Angular Mandombe
2.4.5 Estudo Organizacional do Mika mia Bika ou Sistema Angular 45 graus.

QUADRO SINTÉTICO DA ORGANIZAÇÃO DOS MVUALA ZA MPIMPITA DO PRIMEIRO TEMPO OU ZERO GRAU.

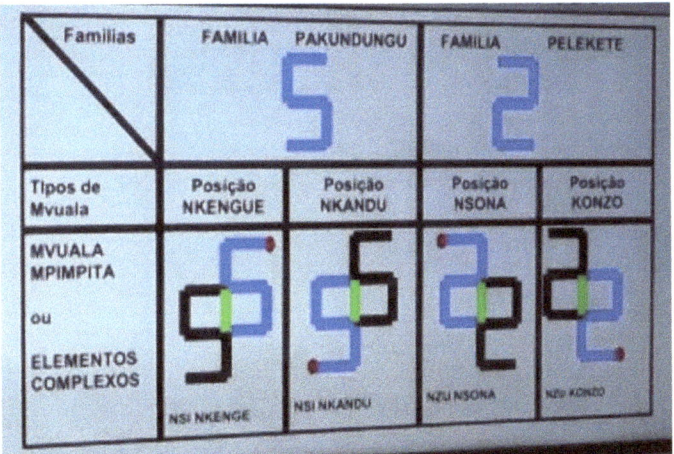

SEGUNDO TEMPO OU QUARENTA E CINCO GRAUS

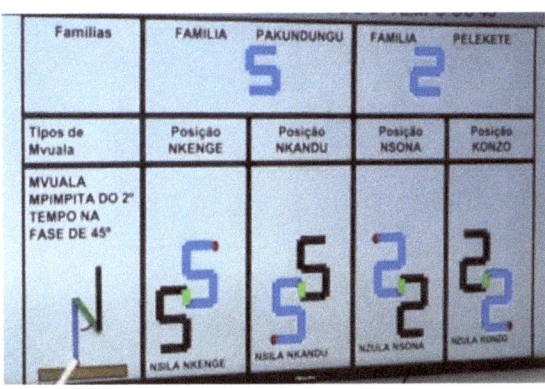

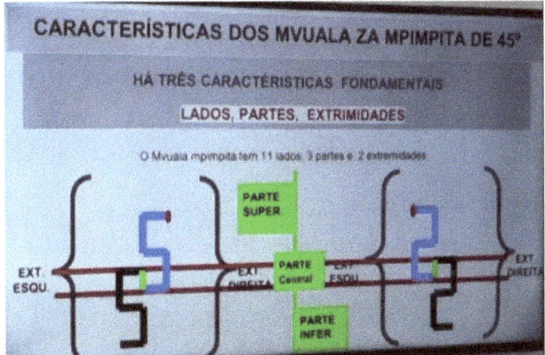

Os três tipos de medidas (quadrada, rectangular ou mista) se aplicam de igual modo em todos os Mvuala Za Mpimpita do Sistema Angular ou MIKA MIA BIKA, 0, 45, 90, 135 e 180 graus.

mandombeuniversity.online

PT: https://youtu.be/tnCSqjNdzZ8
FR: https://youtu.be/9lnXG7czHpw

25

ESTUDE ONLINE:
http://bit.ly/mandombeworld

CAPÍTULO II
ESTUDO PRÁTICO DO MANDOMBE

2.4 FUNCIONAMENTO DO SISTEMA DE PENSAMENTO MANDOMBE
2.4.3 Sistema Organizacional dos Mvuala Za Mpimpita
2.4.4 Mika mia Bika ou Sistema Angular Mandombe
2.4.5 Estudo Organizacional do Mika mia Bika ou Sistema Angular 90 graus.

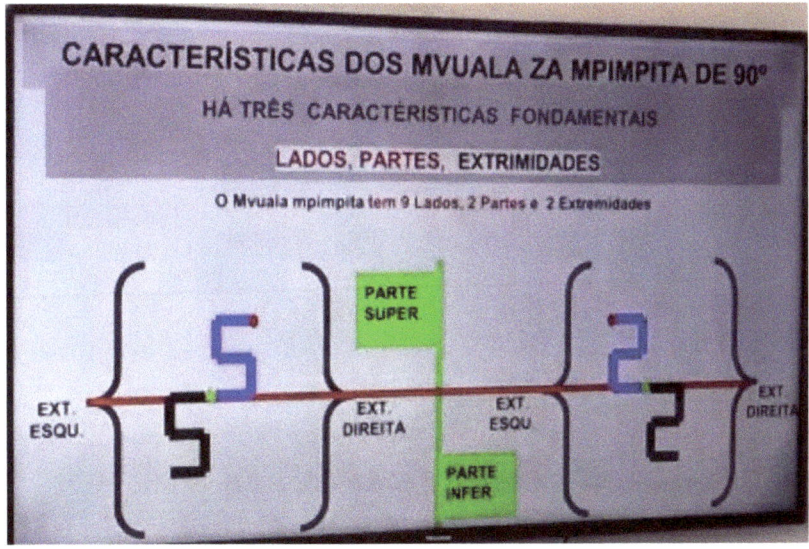

Os três tipos de medidas (quadrada, rectangular ou mista) se aplicam de igual modo em todos os Mvuala Za Mpimpita do Sistema Angular ou MIKA MIA BIKA, 0, 45, 90, 135 e 180 graus.

mandombeuniversity.online

26

CAPÍTULO II
ESTUDO PRÁTICO DO MANDOMBE

2.4 FUNCIONAMENTO DO SISTEMA DE PENSAMENTO MANDOMBE
2.4.3 Sistema Organizacional dos Mvuala Za Mpimpita
2.4.4 Mika mia Bika ou Sistema Angular Mandombe
2.4.5 Estudo Organizacional do Mika mia Bika ou Sistema Angular 135 graus.

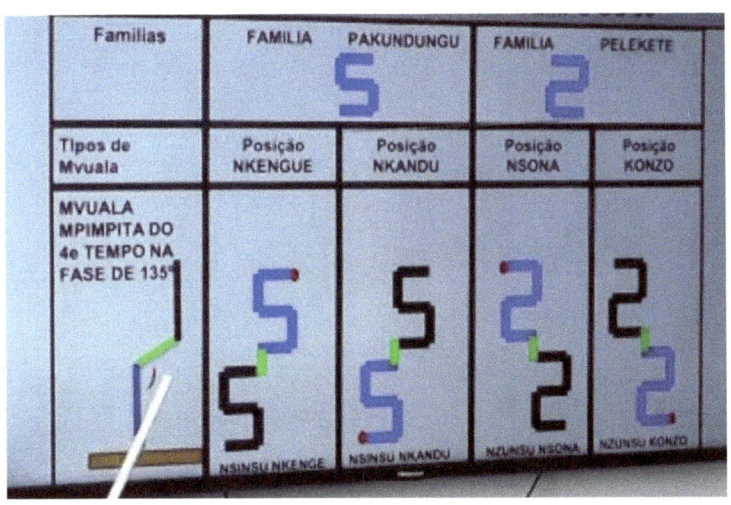

Famílias	FAMILIA PAKUNDUNGU		FAMILIA PELEKETE	
Tipos de Mvuala	Posição NKENGUE	Posição NKANDU	Posição NSONA	Posição KONZO
MVUALA MPIMPITA DO 4e TEMPO NA FASE DE 135°	NSINSU NKENGE	NSINSU NKANDU	NZUNSU NSONA	NZUNSU KONZO

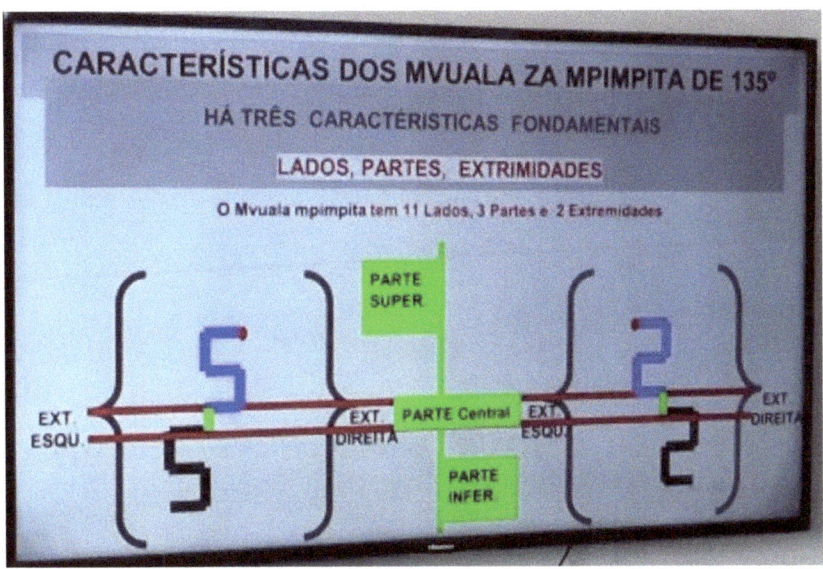

Os três tipos de medidas (quadrada, rectangular ou mista) se aplicam de igual modo em todos os Mvuala Za Mpimpita do Sistema Angular ou MIKA MIA BIKA, 0, 45, 90, 135 e 180 graus.

mandombeuniversity.online

PT: https://youtu.be/LpAFtcWgmrE
FR: https://youtu.be/WoUdn9zpyi0

27

ESTUDE ONLINE:
http://bit.ly/mandombeworld

CAPÍTULO II
ESTUDO PRÁTICO DO MANDOMBE

2.4 FUNCIONAMENTO DO SISTEMA DE PENSAMENTO MANDOMBE
2.4.3 Sistema Organizacional dos Mvuala Za Mpimpita
2.4.4 Mika mia Bika ou Sistema Angular Mandombe
2.4.5 Estudo Organizacional do Mika mia Bika ou Sistema Angular 180 graus.

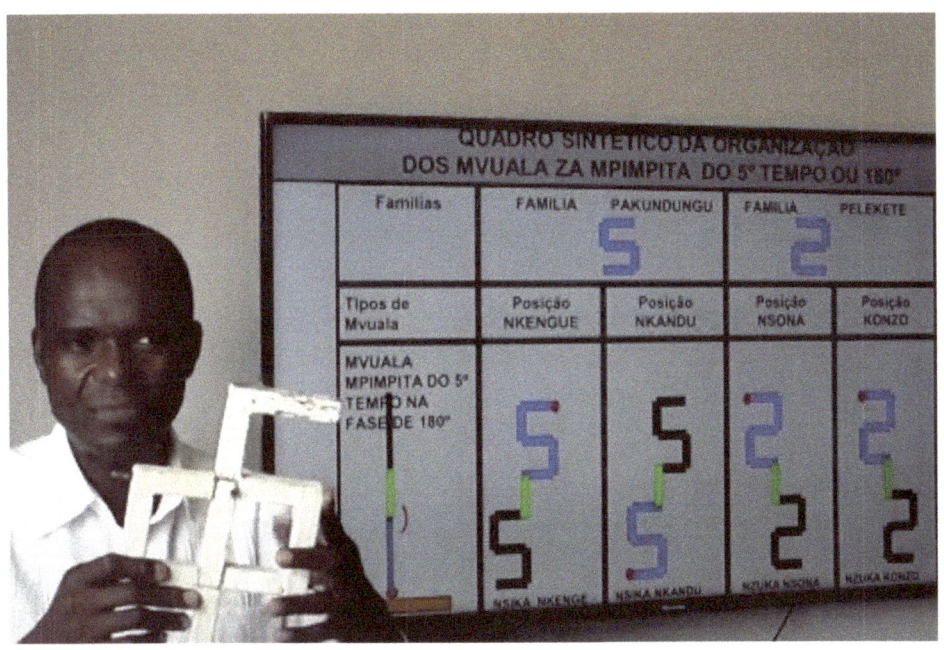

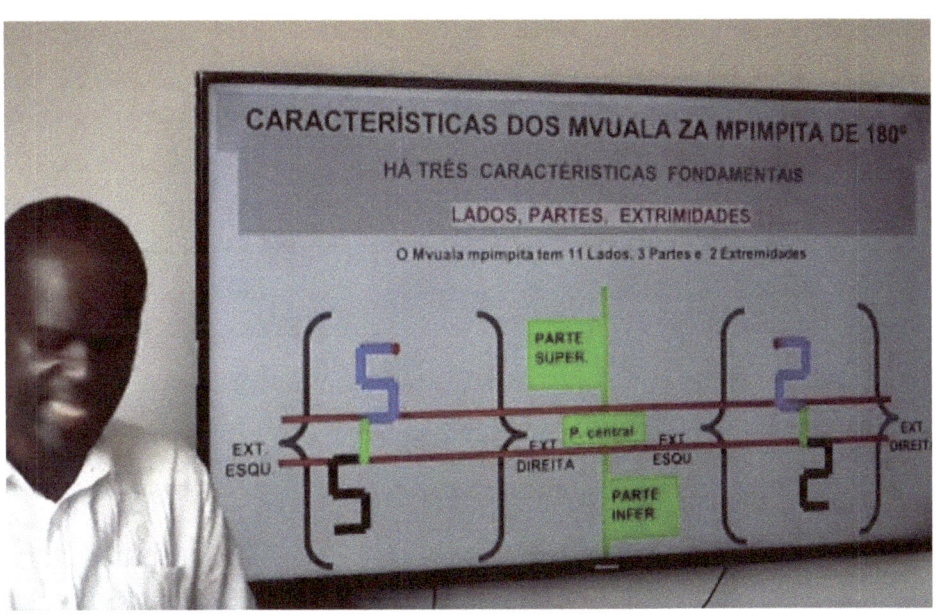

Os três tipos de medidas (quadrada, rectangular ou mista) se aplicam de igual modo em todos os Mvuala Za Mpimpita do Sistema Angular ou MIKA MIA BIKA, 0, 45, 90, 135 e 180 graus.

FINALIZANDO

É com muita alegria que finalizo mais este importante livro da Coleção África, exatamente no dia do aniversário do nascimento de meu filho mais novo, Lucas Salles. Neste dia 26 de Julho de 2021, quando completa exatos 21 anos de idade. Uma data muito simbólica, pois todo o conhecimento que foi colocado neste livro, não depende da fé de quem o lê para se expandir. Quero dedicar a Lucas e toda a geração Salles que continuará com ele, seus filhos e netos, assim com a do Leandro Salles, meu filho mais velho (27 anos).

Pelo que tenho aprendido com o grande mestre Bitombokele Lei Gomes Lunguani, que eu em particular o considero, juntamente com o Papá Seba para quem inicialmente dediquei este livro, os herdeiros de Davi Wabeladio. Ele, em várias narrações, inclusive em uma de suas aulas neste livro, enfatiza que Simon Kimangu é muito fiel a todos os que colaboram com sua obra. O próprio Wabeladio, como diz Bitombokele foi escolhido pelas obras de seu antepassado que tinha o mesmo nome, quando Simon Kimbangu foi preso.

Tenho ao longo destes já 6 anos de contacto e pesquisa com os kimbanguistas, ouvido inúmeras narrações, de mais velhos que sofreram perseguições, anos após a morte de Simon Kimbangu. Muitos kimbanguistas foram perseguidos e mortos.

São histórias que os "donos da história" não gostam de contar. Ou porque desconhecem ou porque é uma história muito triste e vergonhosa.

Dentro deste contexto não tenho dúvida de que, algum antepassado meu, deve ter feito algo de muito bom na obra de Simon Kimbangu, pois ter sido buscado no Brasil para realizar este trabalho é realmente um grande milagre. Sei mais do que ninguém, se tratar de algo humanamente impossível.

Por tudo o que tenho acompanhado na actualidade, nós enquanto humanidade temos que, o mais depressa possível mudarmos vários rumos. O que pude acompanhar com a vergonhosa gestão Trump e a ainda actual desgoverno Bolsonaro, tenho, desculpe a minha sinceridade, VERGONHA DA NOSSA GERAÇÃO.

No Brasil, enquanto escrevo este livro, centenas, senão milhares de brasileiros morrem de Covid 19, vitimados por interesses financeiros de "falsos brasileiros" que comercializaram a vida de seus irmão.

Vale a pena ler inúmeras vezes o O GRANDE DISCURSO DE SIMON KIMBANGU, PROFERIDO EM NBANZA NSANDA AOS 10 DE SETEMBRO DE 1921, nas páginas 13, 14 e 15 deste livro, pois como a nossa geração ainda vive, não é tão difícil acreditar nas palavras de Kimbangu.

Assim como o Pakundungu e o Pelekete se completam, vários opostos precisam de si. Uma harmonia branco e negro, também não precisa ser muito inteligente para ver que é tudo o que precisamos enquanto humanidade.

A Revelação do MANDOMBE não foi por acaso. Você que está finalizando a leitura deste livro e espero que estude com carinho os vídeos gravados por Bitombokele é um sábio. E como sábio, com certeza tem uma grande e nobre missão junto a inúmeras ações que muito contribuirão para um NOVO E IMPORTANTE RUMO DA HUMANIDADE.

educasat

Editora